Ralf Habermann

DORNBLUMEN

Ralf Habermann

Dornblumen
Der muselmanische Wandersmann
Das Claudia-Libellum

Spitze Bemerkungen und Epigramme

ISBN 978-3-86557-354-4

© NORA Verlagsgemeinschaft (2014)
Pettenkoferstraße 16 – 18   D-10247 Berlin
Fon: +49 30 20454990 Fax: +49 30 20454991
E-mail: kontakt@nora-verlag.de
Web: www.nora-verlag.de
Alle Rechte vorbehalten
Druck und Bindung: SDL – Digitaler Buchdruck, Berlin
Printed in Germany

INHALT

Dornblumen   7

Der muselmanische Wandersmann   79

Das Claudia-Libellum   103

Dornblumen

1.
"Aaa!"
"Was habe ich, Frau Doktor?"
"Sie kriegen es erst."
"Was?"
"Arm, alt, allein."
2.
"Abgedreht wird der Alte unter Jungen
wie ein Licht, das nicht mehr scheinen soll."
"Mittlerweile geht er von selber."
3.
"Ach Psyche, du wirst ja geschändet von den Pharmaka."
"Die schluck' ich lässig weg."
"Gibt es denn jemand, der dich liebt?"
"Ist Amor da?"
"Was gibt es dann?"
"Wollust."
4.
8. Acht. Acht. Zahl. Respekt. Unendlich.
5.
8. Seht die Symmetrie, sie ist im Leben nie.
6.
Ärzte sind zum Heilen da.
Der Dichter ist für die Schmerzen,
an denen ihre Kunst versagt.
Er kommt von den Göttern schwarz.
7.
Äther.
Der Halbgott in Weiß ersetzt den Poeta.
8.
Aktion Saftausgleich!
"Wie kommen 0,1% zu 99,9%?"
"Immer weniger."
"Wie kommen 99,9% zu 0,1%?"
"Immer weniger."
"Ursache?"
" Keine kommunizierenden Röhren."
"Ausblick?"
"Es droht Ausfall bis Zerstörung des Systems."

9.
Allein zu bleiben ist das schlimmste Leiden.
Krebs & Co. kann man heilen.
10.
Alle Menschen zu hassen ist leichter als einen zu lieben.
11.
"Alles sagen? Gewiß. Die Wahrheit? Gewisser.
Aber Liebe heißt auch zu schweigen, so wiss' er."
"Du sollst zu sagen lernen und dein Gold vergessen."
12.
Alle Welt will Sonne, sei lieber der Regen.
13.
Alltag?
Weltraum!
14.
"Als ich berühmt wurde, war ich alt."
"Andere mußten erst sterben."
"So bleibt doch lieber unberühmt."
"Nein, wir können nicht lieben."
15.
Alter geht bei Männern durch die Haare, bei Frauen ins Auge.
16.
Am Anfang war das Wort.
Am Ende ist das Handy.
17.
Am Ende der Kulturentwicklung
wird es den Menschen nicht mehr geben.
18.
Am Glascontainer enthält sich die Armut der Gesellschaft.
19.
Am Grabmal des unbekannten Märtyrers:
Die Wundmale der Zivilisation werden
durch Selbsttötung oder Krieg heil.
20.
Anarchist:
'Den Tod beherrschen sie nicht.'
21.
An den Schaltstellen der Kultur sitzen die wahren Richter.
22.
Anrufen? War das nicht was Religiöses?

23.
Antriebsarmut: Intelligente Form der Lähmung.
24.
Aperçu?
Wahrheit spitzt sich zü!
25.
Arbeit ist ein Demütigungsprinzip.
Durch Geld wird es Heil.
26.
Arbeitslose unter 25 wiegen mehr als das Doppelte als Arbeitslose über 50.
27.
"Arbeit und Liebe für alle -
oder ich knalle."
Der innere Frieden.
28.
Armut faßt' das Leben hehr,
Reichtum macht' vulgär.
(Sieh aber die Häkchen.)
29.
"Asozialität. Fürs Musische haben sie dieses Wort nicht."
"Also sind sie besonders musisch."
"Schön wär's. "
Interstellarer Beobachter. Funkverkehr.
30.
Atü, Atü, Atü, Psychewehr.
Dies' Feuer ist atmosphärischer.
31.
Auch Du hast einen Gottesstaat: die Scintilla der Anima.
32.
Aue: Arbeitslose und Einsame kommen nie vor.
33.
"Auf den höchsten Bergen koexistieren Feuer und Eis!"
"Ich sonne mich winters in meinem Südenzimmer."
34.
Auf Krawall gebürstet ist ein schöner Putz.
35.
Aura. Feinstes Gold!
36.
Autarkie ist der Anstand des Wirtschaftslebens.

37.
Autisten wirken so schön. Sie stehen nicht in Gruppen.
38.
Begreifen?
Ich will auch den Körper!
39.
Beherrscht. So wird Unfreiheit zur Tugend,
und die Maschine läuft wie geschmiert.
40.
Bei der Damenwahl lernen die Frauen die Männer
verstehen:
Zurückweisung kann wirken wie Stahl.
41.
Bei Frauen liegt die Dummheit schon in der Natur: sie leben einfach.
42.
Beim Amateur ist Liebe im Spiel,
beim Profi nur Können.
43.
Beim Töten und in der Liebe darfst Du nicht zweifeln.
44.
Bei 99,9% Licht werfen O,1% wenigstens Schatten.
45.
Beständig ist bekanntlich nur der Wandel:
Reinrassig. Linientreu. Ökonomisiert.
46.
Beton.
Woran dachtest Du?
Musik oder Baustoff?
47.
Betragen?
Wörter sind polyvalente Gesellen.
48.
Biedermeier 2014, wann kommt dein 1848?
49.
Billett corrigé:
Für den Kleinen Mann ist die große Frau viel.
Aber die Große Frau für den kleinen Mann ...
ist beides nur ein Rechtschreibfehler, Darling.

50.
Bin Laden!
Woran dachtest Du?
Geschäft oder Terror?
51.
Bist Du oben, geht es noch höher.
Bist Du unten, geht es noch tiefer.
(Das Niveau am Ende ist gleich.)
52.
Bist Du über 50, merkst Du den Haß der jungen Frauen.
53.
Blaulicht geht heute durch Kinderzimmer.
54.
Bleibst Du aber allein, gehst Du ein (ins Reine).
55.
Blutbande halten Menschen, die sich sonst nicht mögen.
56.
Boxen. Woran dachtest Du?
Schachteln oder Fäuste?
57.
Boxkämpfe finden meistens durch Musikanlagen statt.
58.
Catcher. Woran dachtest Du?
Kämpfer oder Fänger?
59.
Chaos fürchten sie und Anarchie. Aber was das wirklich ist, sagen sie nie.
60.
"Christen und Kommunisten gleich ... Kommunionisten."
"Das ist die beste Antwort gegen das Kapital."
"Nein, gegen die Armen, die Alten und Einsamen."
61.
CLOSED - meine Mutter will immer hinein.
62.
Cool?
Hier schlägt der Wortschatz in die Magengrube.
63.
D - die Römer waren früher fertig.

64.
Damenhaft. Herren haben das nicht.
65.
Das aufgeklärte Leben friert sich innerlich zu Tode.
66.
Das beste Aufputschmittel ist das aus den inneren Druckverhältnissen.
67.
Das Buch mit den sieben Siegeln steht auch in Dir geschrieben.
68.
Das Dasein hast Du mit allen, das Selbstsein für Dich dahin zu kommen -
schmerzlich
69.
Das Diesseits wird langsam immer fetter,
das Jenseits steht in heller Verschlankung.
70.
Das empirische Lustprinzip erfüllt dröhnend die Welt. Was schön ist, lehrt sich leise selbst.
71.
Das Gedankennetz hat die weitesten Maschen.
72.
Das Geheimnis ist die Würde vor der Wahrheit.
73.
"Das geschriebene und gedruckte Wort beansprucht den Geist am meisten!"
"Die meisten aber reden, wie ihnen der Schnabel gewachsen ist."
74.
Das Handy ist der effektivste Bücherverbrenner.
75.
Das Herz der Welt ist kalt und leer.
Bist Du allein, füllst Du es sehr.
76.
Das Herz ist nur eine Schlacke vor der Glut des Geists,
Progression ist sein schmelzendes Ziel.
77.
Das ist mein bester Skill, daß ich mich befreien will.
78.
Das Leben aber hat eine reverse Struktur ...
Frauen wissen's von Natur, Männer müssen machen.

79.
Das Leben geht immer, und es nimmt jeden mit.
80.
Das Leben ist die Kunst der Naiven.
81.
Das Leben ist ein aufgeschobener Tod.
Sein Aufgehoben aber ist Philosoph.
82.
Das Leben ist härter als der härteste Schwanz,
aber der Starrsinn verhärtet das Leben ganz.
83.
Das Leben ist nicht wirklich lang.
Bis zur Adoleszenz, das war's dann.
84.
Das Leben ist nur dafür da,
um mit dem Sterben zu versöhnen.
85.
Das Leben wird endlos, wenn Du einsam bist.
Mit Sorge, Pflicht und Glück vergeht's im Nu.
86.
Das Offene hat keinen Horizont mehr - - -
so bist Du absolut zum Sternenmeer.
87.
Das Opfer des Intellekts geht am besten zur Waffe.
88.
Das Paradies ist jetzt, das Leben ist Kunst, und mein Leben ist
ein Kunstwerk.
Kunst Du mit?
89.
Das Reich Gottes ist sehr von dieser Welt.
90.
Das Ressentiment der Konservativen geht in die Verachtung
der Utopie.
91.
Das Rohe ist die Hore der Zeit.
Sei Hero und sprich gebenedeit.
92.
Das schönste Heim war die Mutterhöhlung.
Wir sind vertrieben. Wir kehren wieder.
Wir üben in Schlaf, wir üben in Liebe ...

93.
Das sexuell Ungerade macht auch einen schiefen Menschen. Diese Haltung schafft bei uns die Kleinfamilie.
94.
Das Unbewußte ist die Festplatte des Menschen.
95.
Das Unglück eines Freien wiegt schwerer als das Glück des Sklaven.
Das Leben aber wird immer leichter.
96.
Das Unmögliche Manifest:
Einsame aller Länder, vereinigt euch.
97.
Das wahre Gesagte bleibt zwischen den Zähnen - aber der Körper kann reden.
98.
"Das Weib ist eine Kreuzung aus Dame, Frau und Hure."
"Das Weibliche regelt schön den menschlichen Verkehr."
99.
Das wirkliche Leben ermüdet, das geistige dagegen hält wach.
Im ersten werden die Glücke genossen, im zweiten gedacht.
100.
Das Wort ist billig.
Teuer ist die Tat.
Ich spare.
101.
Daß Du eine menschliche Kerze bist.
Ich mach' Dich an, Du brennst nicht.
102.
Daß du ewig denkst an mich,
schreibt sich nach wie vor mit Blut.
103.
Daß es überall so sein soll wie hier ist der letzte Totalitarismus.
104.
"Daß wir alle alt werden müssen, ist die einzige Gerechtigkeit."
"So stirb jung."

105.
Dem technischen Top entspricht der seelische Flop.
Aber in der Bewußtseinstechnologie
hätten sie einen Topf.
106.
Den aber sollst du lieben,
der dem Ideal sein Leben gibt,
doch mehr noch als dieses
ist das Opfer des Intellekts,
ist das Opfer des Tempels.
107.
Denen es schon schlecht geht, sind sich oft die größten Teufel.
108.
Denk Gott und Tod nicht statisch und fest.
Der eine mag Dich, der andre gibt Dir den Rest.
109.
Der alte Adam ist ewig jung. Leider.
110.
Der andere jenseits der Funktion ist uns ja so was von egal bis peinlich.
Nach den Malediven ist es nah und unter meinem Teppich reinlich.
111.
"Der Contemptus mundi ist doch billig."
"Wer weiß schon, was das ist."
112.
Der Deutsche ist erotisch nicht entzündbar.
Erst so wurde er Exportweltmeister.
113.
Der dritte Weltkrieg wird nicht mehr erklärt.
Jeder gegen jeden im Internet und Wirtschaftsleben.
114.
Der eigene Schatten überspringt sich um so schwerer, je heller er ist.
115.
"Der Eros gehört in die Vernunft wie der Mann in die Frau."
"Eine Frau ohne Mann ist wie ein Fisch ohne Fahrrad."
116.
Der erste und der letzte Grund Deines Denkens und Tuns
wurzelt im Un...

117.
Der fickt die Welt - der sich ihr enthält.
Wer schwach wird, nennt's Liebe.
118.
Der Frieden ist ein hohes Gut.
Opfere ihm nicht Dein Blut!
119.
Der geistige Stand ist der härteste,
da fällt selbst das Leben runter.
120.
Der geklonte Mensch ist die Lebensform der Zukunft.
121.
"Der Hauptstrom einer jeden Kultur, reißt er nicht mit?"
"Reiner Widerstand: Am Ufer bleiben - denken, schreiben!"
122.
Der Heilige Berg der Empörung ist der tätige Vulkan der Lösung.
123.
Der Heiligenschein um den Menschen heute ist das Vakuum.
124.
"Der Judenstaat ist der blutigste der Welt."
Rechter?
Linker?
Araber!
125.
Der Körper ist das Gefängnis der Seele.
Das Leben ist das Gefängnis des Tods.
Habt ihr solche Angst vor der Freiheit?
126.
Der Kosmos aber ist die größte Hülle.
Der Tüchtige versucht sich selbst.
Die -ismen versuchen mehr.
Der Weise versucht den Gott.
Der Kosmos aber ist die größte Hülle.
127.
Der Kosmos teilt sich am besten mit durch Einsamkeit.
128.
Der Künstler, der Märtyrer und der Terrorist entstammen
einem Blut: absolut.

129.
Der Künstler erhöht sich durch das Werk.
Der Normale aber arbeitet im Leben.
130.
Der Kunstsinn ist der Un... sinn.
131.
Der letzte Krieg ist der des Blutes gegen das Geld.
Dann werden die Toten wieder lebend.
132.
Der Mainstream ist das Fahrwasser des Zeitgeists.
133.
Der Mensch schafft sich nun selbst sein Paradies,
doch Geschlecht und Sterblichkeit verhindern dies.
134.
"Der Mensch verlor irgendwann die Pforte des Himmels
aus dem Auge und verwechselte sie mit seiner Haustür."
Interstellarer Beobachter. Blick auf den Menschen. Meldung I.
135.
Der Mensch, zu dem wir lange unterwegs sind,
ist schon nach den ersten Jahren fertig.
136.
Der Mythos der Gewalt ist die Befreiung.
137.
"Der Papst trägt einen Dorn im Schritt. Und was schmerzt Dich?"
"Daß ich komme nicht mehr mit!"
138.
Der Radikale muß das Bewegungsdiktat des Kapitals
übertreffen durch maßlose Erregung und unvernünftiges Tun.
139.
Der säkulare Diskurs scheidet aus, bevor er sich vollzieht.
Es sprechen immer dieselben.
140.
Der Schlag auf den Körper ist grob.
Fein ist der Anschlag auf die Psyche.
141.
"Der Schmerz ist zu groß geworden, um noch die Form zu wahren,
sie ist nur ein Instrument der Herrschaft über den Armen!"
"Na und. Bei dir findet selbst der Schmerz noch in Verse."

142.
Der schönste Krieg ist der, den Du nicht gewinnen kannst.
Führ ihn mit aller Härte.
143.
'Der schönsten Frau der Welt?
Der will nur, daß er fällt!'
144.
Der Sozialismus ist Gotteswunsch im Menschen.
145.
Der Sünder lebt im Fleisch, der Gerechte im Gesetz,
doch nur, wer Gnade hat, lebt recht.
146.
Der Tag ist ein heller Betrüger.
147.
Der technische Fortschritt dreht das Hamsterrad
nur schneller.
148.
Der Teufel steckt nicht mehr im Detail, sondern in der SMS
und eMail.
149.
Der Tod hat jeden lieb.
Das Leben ist Einzelkrieg.
150.
Der Tod ist der größte Meister:
"Ihr übet zeitlebens und wisset nichts."
151.
Der Tod ist die letzte Freiheit.
152.
Der Tod ist die Mitte zwischen den Leben:
die erste Hälfte will pflichten, die zweite küren.
153.
Der Tod ist ein Scheider, der vereint.
154.
Der Tod ist weiblich.
155.
Der Tod ist wie die Gegenwart.
Durch beide geht alles.
156.
Der Tod liegt in der Luft, besonders bei Unter- und
Überdruck.

157.
"Der Tod schafft die längste Ehe,
nur, ich finde dafür keine Braut."
"So nimm die Blume, die unendlich blaut."
158.
Der Untergang des Morgenlandes geschieht durch das Abendland.
159.
Der Verblendungszusammenhang ist Alzheimer für die Massen.
160.
Der wär' gern selber einer, der "Kinderficker" schreit.
161.
Der Weltgeist geht jetzt technisch.
Nun wird der Mensch überholt.
162.
Der Westen will die Weltherrschaft.
Hätte er sie nicht verdient?
163.
Der Zugwind der Zeit facht den Rüpel an.
164.
Des Lebens Gläubigkeit, des Mannes Hörigkeit,
Klebstoff für die Ewigkeit.
165.
Dichter: Fiktiv ist, wenn Du liebst.
166.
Die Abschaffung der Einsamkeit und des Todes ist Dein Leben wert.
Du scheiterst stets.
167.
Die Ächtung befördert die Echtung.
168.
Die Angst vorm Konflikt ist der Anfang der Lüge.
169.
"Die aufgeräumte Vernunft läuft durch die Welt ..."
"... und überall, wo sie hinkommt, hinterläßt sie Leere."
170.
Die Bastille ist heute der Selbstzwang, das Gehäuse der Technik die Gefängniszelle.

171.
Die besseren Zeiten von heute verlangten auch mehr Liebe.
172.
Die Bewegung der Sklaven zeitigt heute das Smartphone.
173.
Die blaue Blume ist die Al -Quaida mir Deutschen.
Ihr Gewebe ist aus Dichtung, dafür hält es ewig.
174.
Die bleierne Zeit von damals läuft heute rund.
175.
Die Destruktion ist die Quelle, die Konstruktion nur Welle.
176.
Die DNA des Deutschen heißt Amerika.
177.
Die Dummen und die Jungen wollen immer nur leben,
kommst Du zur Besinnung, willst Du überstehen.
178.
Die Einsamen sind der blinde Fleck der Zivilisation.
179.
Die erotische Wüste Gobi wird
nur im Fernsehen zum Garten Eden.
180.
Die explizierten Menschen falten ihr Leben aus,
die komplizierten falten es zusammen.
181.
Die Ferne rückt nah, der Nächste rückt fern:
Von München nach Nürnberg in einer Stunde,
doch zu Dir das Wort bleibt ewig im Munde.
182.
Die Freiheit ist die meiste Arbeit geworden.
183.
Die Gebrochenheit eines Menschen ist Ausdruck seines Heils.
184.
Die Genie ist die Geliebte, die Dich nie verläßt.
185.
Die größte Diktatur ist nicht böse,
sie ist einfach nur das Positive.
186.
Die größten Liebhaber der Jugend sind die Alten.

187.
Die Große Schutzstaffel: Seele, Segen, Sehnsucht.
Oder woran hast Du gedacht?
188.
"Die heute lieben, sind morgen verfault."
"So komm an den Baum."
189.
Die Idee von einem besseren Leben erhebt über alle
Widrigkeiten der Gegenwart,
aber sie bringt sie auch hervor.
190.
Die Kunst trennt die Menschen zu verläßlich.
191.
Die Liebe ist der schönste Terror.
192.
Die Liebe scheint nur am Anfang schön,
und das läßt euch in die Falle geh'n.
Doch seht mal drüber rüber, dort steht
ein Immergrün.
193.
Die Liebe wächst mit einem goldenen Herzen,
aber suche nicht nach einem zweiten; das verletzt.
194.
Die Lust des Nachbarn ist uns peinlicher als ein
Kinderporno.
195.
Die meisten Befürworter der Euthanasie finden sich in
Altenheimen.
Die meisten Befürworter der Prügelstrafe finden sich in
Lehrerzimmern.
Usw.
196.
Die Melancholie ist die Freundin vom Geht nie.
197.
Die Menschen müssen sterben, damit es nicht zu viele werden.
198.
Die Mitleidlosigkeit gegenüber denen, die arm sind, einsam
oder stranden,
wächst mittlerweile von rechts über die Mitte bis zu den
linken Granden.

199.
Die modernen Medien versuchen das universale poetische Bewußtsein der Romantik.
200.
Die Nabelschnur zum Weltraum reißt durch Alltag und Geschlechtsverkehr.
201.
Die Nackten und die Toten gehen heute durchs Wohnzimmer.
202.
Die neue Mitte wird immer fitter - doch ich will Faulheit oder den Himmel.
203.
Die neue Technik schafft auch einen neuen Menschen. Er schaltet Dich aus, ganz friedlich.
204.
"Die normalen Menschen wollen mittlerweile gar nichts mehr von Philosophie wissen."
"Aber das war doch schon immer so."
205.
Die Österreicher sind der Gesang der Deutschen.
206.
Die Quintessenz des Dichters springt aus dem Fenster. Der wirkliche sitzt davor und denkt sich's. Darunter die Menschversager: Geduckte. Arbeitstiere. Sklaven. Autofahrer.
207.
Die Quotienten der Liebe sind unendlich.
208.
Die rasendste Bewegung willt in den Stillstand.
209.
Die rechte Ecke wird immer größer. Bald ist die Mitte dran: Konservative, Christen, passen sie in die Moderne?
210.
Die Rechten sind die schlechthin Schlechten. Früher gab es Juden und Hexen.
211.
Die Rüstungen von damals ziehen unter die Haut. Die dicksten Panzer haben die schönen Frauen.

212.
Die Schneide, die heute auf Leben und Tod trifft,
ist die zwischen Nicht-Einsamen und Einsamen.
213.
Die Schönheit will einen Halt im Leben,
und geschieht er um einen Menschen,
so willst Du am liebsten mit ihm enden.
214.
Die schönste Dialektik ist die zwischen Liebe und Tod.
Wenn Du Glück hast, hebt sie Dich auf.
215.
Die Sonne des Aufgeklärten ist ein höchst nüchternes Gehirn.
216.
Die sozialistische Persönlichkeit heißt jetzt teamfähig.
217.
Die Steinzeit des Gefühls wächst mit dem technischen
Fortschritt.
218.
Die Summe aller Freuden und Leiden im Leben, am Ende ist
sie immer gleich.
Vorher dürft ihr euch verrechnen.
219.
"Die totale Konsensgesellschaft! Die totale Privatheit!
Herr Freud?"
"Entmischung ist tödlich."
220.
Die Unersetzbaren vernichten Arbeitsplätze.
221.
Die Vandalen sind eigentlich ein ostdeutscher Stamm.
222.
Die Verbotsrepublik verbietet zunächst was des Mannes,
so wächst aber auch die Apokalypse des Johannes.
223.
Die Verdammnis heute ist die soziale Erfolglosigkeit.
224.
Die Vermessung der Welt ist aus.
Nun ermesse Deinen Innenraum:
Du kommst nicht wieder.

225.
Die Vorstellung und Einbildung kleiden den Menschen.
Schöner?
226.
Die Wahrheit Deines Lebens holt Dich ein.
227.
Die Welt, die ist nur noch ein globales Handeln und Rauschen.
Allein Dein Schicksal läßt sich nicht wandeln noch tauschen.
228.
Die Welt ist ein Hurenhaus. Gib Geld, gib Willen.
Intellektuelle suchen nach dem Schlüssel.
229.
Die Welt, wie sie gerade ist, ist immer die beste.
(Sehen Sie doch ab von Ihren Gebrechen.)
230.
Die wir lieb(t)en sind auch verschieden.
231.
Die Zweierzelle ist ein Gefängnis der Liebe.
232.
Disco: Ich lerne.
Sie stehen hier auf der Tanzfläche und wärmen ihr Bier.
233.
Dorn.
Woran dachtest Du?
Stachel oder blühender Strauch.
A propos. Gold hat er auch.
234.
Dreierlei Putz:
Der erste macht reine, der zweite schlägt kaputt, der dritte scheint hübsch.
235.
Drei Millionen drehen Däumchen, und der dumme Rest schafft seine Arbeit nicht.
236.
Du bist allein?
Weite, kehre! Ein All bist Du.
237.
Du bist nun völlig abgeschnitten?
Früher hätte man Dich noch aufgehängt.

238.
Du bist traurig?
Komm, ich hau' Dich!
239.
Du bist völlig bedeutungslos, aber ohne Dich gibt es keine Welt.
240.
Du hast mehr an dem, was Du für Dich selber bist
als an allem Ansehen und Besitz.
241.
Du magst Tiere, Menschen jedoch nicht?
Denk Dir, Menschen seien Tiere, und schon geht es.
242.
Dummheit schafft Kinder.
Intelligenz schafft Kunst.
243.
Durch die Pärchen scheinen die Götter im Himmel.
Du merkst es desto mehr, je mehr Du bist Single.
244.
Durch die Stimme erscheint der Mensch zunächst.
245.
Durch Katzen kommt die Liebe auf den Hund.
246.
Du suchst Wildnis, Abenteuer? Geh in Dich.
Oder hat die Vernunft schon aufgeräumt?
247.
Du weißt
um den Geist,
der durch die Stäbe beißt
der Lebenszelle, wenn er Dich besonders heißt?
248.
Du willst beleidigen, verletzen und treffen?
Schlag nicht um Dich, sei direkt und ehrlich.
249.
Du wirst kein neuer Mensch, indem Du Dich wiederholst.
250.
Du wirst, was Du bist - schlägt des Schmiedes Glück.
251.
DVR. Die Verantwortungsrepublik.
Gilt nicht für Arbeitgeber und Banken.

252.
Egal wo, was, wann, wie, wer;
wenn Du nicht drin bist, ist es nur leer.
253.
Eigensinn macht Einsamkeit. Sie ist sein höchster Preis.
254.
Eigentum ist lieb Stahl.
255.
Ein bißchen Untermensch mußt Du schon sein,
zu sehen die Blätter in dem Rinnestein.
256.
"Eine Bank müßte man sein?"
"Gibt es auch menschliche Banken?"
"Schwule!"
257.
Einengung ist ein guter Freiraum zur Zerstörung.
258.
Eine Onanieprohibition förderte die Sinnliche Revolution.
259.
Eines aber stand nie auf ihrem Krankenschein:
Koitus subito!
Sie konnten kein Latein.
260.
Ein-Euro- Jobs sind Neuroleptika für Arbeitslose.
261.
Ein langes Leben wird am Ende immer kürzer.
262.
Ein leichter Stich - und Mensch und Kunst sind wesentlich.
263.
Ein Lindenblatt braucht jeder Mensch, damit ihn der Speer
des Lebens trifft.
264.
Einmaleins:
Einmal einsam bleibt einsam.
265.
Ein politisch, pfui, ein garstig Lied.
Heute ist es schon der Dissens.
266.
Einsamkeit ist der Krebs der Psyche.
Wo bleibt hier die Vorsorgeuntersuchung?

267.
Einsamkeit ist, wenn das Universum küßt. Halt es aus.
268.
Einsamkeit ist würdig gefaßt. Gemeinsamkeit na ja.
269.
Einsamkeit ist zur Hälfte Tod,
die andere senkt des Kosmos Lot.
270.
Einsamkeit klärt anders auf. Die innere Nacht wird klar.
271.
Einsamkeit und Arbeitslosigkeit sind subtile Mörder.
Sie töten Dich langsam bei Dir selber.
(Dahinter steht die Gesellschaft als ihr Regler.)
272.
Ein Schlag ins Gesicht geht auch durch Worte.
273.
"Ein Schwein hat mehr Platz!"
(Ein Euro Jobber mit Umziehplatz in der Wäschekammer.)
274.
Ein Sommernachtstraum?
Gibt es nur als Dichtung!
275.
"Eitelkeit ist der Anzug der Zivilisation, der Rest ist Lüge."
"Wie bei den Künsten."
276.
Ekel. Lebensschmerz, gegen den nichts hilft.
277.
Ekelpaket:
"Dein Freund nackt?"
" Nein."
"Stinkend?"
" Nein."
"Was denn?"
" Er künstlert."
278.
Elixier des Lebens durch die Zeiten: die Mehrheit ist stets ungeistig.

279.
Ende der Geschichte hierzulande:
Es gibt in Deutschland nur noch linke Parteien
im Wohlfahrtsfreiheitsfriedenssicherungsverein.
280.
"Englisch, das ist die Sprache der Teufel auf Erden!"
"Und die Engel im Himmel?"
"Die schweigen."
281.
Erfolg? Das ist was für Golfer!
282.
Erhebung? Die Statistik schlägt die Revolte!
283.
Erleuchtung ist ein Scheiterhaufen von innen.
284.
Eros IV:
Prostituierte kommen zu jedem, der mag.
Bezahlung übernimmt der Staat.
Resultat: Mehr Glück, innerer Friede.
Moral: Es hilft nicht immer nur Liebe.
285.
Erst gehört uns Deutschland, dann die ganze Welt;
nur, die Richtung hat sich mittlerweile verkehrt.
Es kommen auch wieder Seuchen und Kriege -
aber was ist das gegen D i e   E i n e   W e l t !
286.
Erst im tiefsten Frieden brechen die Kriege der Psyche aus.
287.
Erst mit Arbeit und Liebe sind wir menschlich verfaßt.
288.
Erst mit dem Ungesagten beginnt die Sage.
289.
Erst nach dem Tod können wir reden,
das Leben will uns stets nur erden.
290.
Erst wenn Du ganz geleert bist, füllst Du mich aus.
291.
Erst wenn jemand gestorben ist, ist er manchmal wieder da.

292.
Ertrage und entsage!
Niemals hat die Stoa mehr provoziert.
293.
Er weiß
... alles, und noch viel mehr ...
... und ist doch entbehrlich sehr ...
294.
Es gibt auch einen Zivilisationsbruch durch Millionen Arbeitslose.
295.
Es gibt eine Fremdheit, der vertraut ist der Gesang der Dinge.
296.
Es herrscht der Großraum - Event und Arena - Rock.
Oder spielst Du noch Kammermusik?
297.
Es ist ein Bild des Grauens:
Halbnackt laufen die Germanen, will die Sonne sich trauen.
298.
Es triumphiert das Relative über das Absolute,
das Plurale über das Totale.
Zu Risiken und Nebenwirkungen
befragen Sie den Demokraten.
299.
Europa hurt:
Heute Türken.
Morgen Russen.
Dann Chinesen.
300.
"Europa, was wünschst Du Dir?"
"*Eine* Sprache, Sire!"
301.
Europa zu Germania:
"Zwanzig Millionen Arbeitslose sind jetzt auch deine!"
"Du bist wohl nicht ganz bei dir!
Ist er Grieche oder Spanier?"
302.
Euthanasie ist die Sterbeform der Zukunft.

303.
Euthanasie light:
'Vereiste Wege wochenlang, brauche doch Nahrung.
Komm' auch bei Grün nicht mehr über die Straße.'

304.
Ewige Jugend geht nicht durchs Leben, sondern durch den Tod.

305.
Ewiggestrig sind mittlerweile die von 68.

306.
Extremer Regelsatz:
Würde jeder Arbeitslose schießen, hätten wir Vollbeschäftigung.

307.
Extreme sind der perverse Sex vor dem normalen, aber die Lust ist sich für die Mitte viel zu schade.

308.
fanum - Heiligtum.
informis - häßlich.
Ein Wörterbuch lehrt, wie verdreht die Welt ist.

309.
Faschismus, Kommunismus, Demokratie.
Für das Anpassungsvermögen eine Übung.

310.
Faust!
Woran dachtest Du?
Goethe oder Gewalt?

311.
Feinde:
Deutschland (West): Sind Sie etwa Kommunist?
Deutschland (Ost): Sie BRD-Kapitalist!
Deutschland (ganz): Sag mal, bist du etwa rechts?!

312.
Fenster. Glasauge auf modern.

313.
Ficken macht phantasielos und sterblich.

314.
F i g h t . Was unsrem Leitwolf wichtig, breitet sich unverändert aus.

315.
Flat und Smart ist des Kapitals liebste Menschenart.
316.
Fleisch ist Fleisch; ob Geliebte oder nicht.
317.
Frauen haben ein gestörteres Verhältnis zur Gewalt als ein Hooligan.
318.
"Frauen haben hier häufig Schmerzen im Ohr,
denn sie halten andauernd die Hand davor."
Interstellarer Beobachter: Blick auf den Menschen. Meldung II.
319.
Frauen haben stets Mann, Freund oder Kind.
Bewohnt zu sein und nicht allein ist ihr Sinn.
Der Natur kreist wie die Fabrik schnurrt.
320.
Frauen scheiden sich von Frauen durch Kinder.
Die mit halten sich für mehr.
321.
Frauen schlagen sich gerne um Männer
als lebendes Beispiel der Caritas.
322.
"Frauen?"
"Schwachheit!"
323.
Frauen sind das Eingangstor ins Leben.
Das erste steht jedem auf -
das zweite ist leider besondert.
324.
Frauen sind der Richtblock des Lebens.
325.
Frauen sind die Bank für die Lebenszeit.
Bist du aber geistig, lassen sie dich aus,
nicht kreditwürdig, für die Kinderkrankheit.
326.
Frauen sind die Neger der Welt.
Aber sie werden farbig.
327.
"Frauen sind Sozialdarwinisten von Natur aus. Der Bauch ruft's."
"Dann Beruf und Geld."

328.
"Frauen sind wie Fliegen: Setzen sich auf alles, was glänzt und stinkt."
"Bleib rein. So kannst Du sie lieben."
329.
Frauen unter sich:
"Die schlimmste Strafe, die es gibt?"
" Einsamkeit und Männer."
330.
Frauen wollen Dich verführen, Deine Liebe zu verlieren.
331.
Freitod? Zwangsleben?
Tiere können das nicht!
332.
Fremde Augen sehen besser:
"In Ihrer Stadt ist fast jedes Haus verschmiert!"
"Tatsächlich; das ist mir noch gar nicht aufgefallen."
333.
Freude verbraucht die Zeit verschwenderisch.
Leid nimmt jede Minute mit.
334.
Freunde sind meistens verlängerte Sentimentalitäten.
335.
Fug:
Flach und glatt,
das ist der Mensch, den der K. am liebsten hat.
336.
Galilei gestern:
Die Erde dreht sich um die Sonne.
Galilei heute:
Die Physis dreht sich um die Psyche.
337.
Galle kommt gern durch Arbeit und Liebe ins Leben.
338.
Gebet der Liebe: Ihr Versehrten, ihr am Ende, bitte fallt in meine Hände.
339.
Geburtstag geht auch seelisch. Durchbrochen wird die Regel.

340.
Gegen Ratten gibt es Gift.
Was gibt es gegen Menschen?
Dich!
341.
Gegen Taliban und Rechte!
=
Für ein religiöses und nationales Vakuum!
342.
Gegenüber Ausländern und Arbeitslosen geht die
Freundlichkeit häufig in die Hosen.
343.
Gehst Du aber infinite, kommt nur die Kälte mit.
344.
Gehst Du endlich in Erde, Luft und Wasser ein,
soll Trennung, Leistung, Konkurrenz beendet sein.
345.
Geh stets mit entsicherter Waffe und achte auf einen warmen Lauf,
denn was Du innerlich schießt, reicht Dir äußerlich zur Gnade.
346.
Geht Dein Stern auf, dann sind Menschen.
Geht er unter, Aphorismen.
347.
Geh Wald! Diese Gewalt wird stark wie ein Baum.
348.
G e i l reimt sich auf Heil (und kehrt sich zur Lieg'.)
Lieg!
349.
Geist ist nur noch Ramsch.
Die Technik bläst ihm den Marsch.
350.
Geist und Gelehrsamkeit sind die Krankheiten, die niemand heilt.
351.
Geld ist das Schmiermittel jedes Betriebs,
aber Du rutschst aus, wenn Du in ihm liebst.
352.
Gemessen an dem, was sein kann,
ist jedes Sein Entwicklungsland.

353.
Gemessen an der Schönheit seiner Bewohner ist Deutschland Drittweltland.

354.
Gesang aus dem Danachen:
Deren ~ Seelen ~ aber ~ werden ~ sich ~ unendlich ~ kriegen, deren ~ Körper ~ blieben ~ ungeliebt ~ und ~ ungeschieden.

355.
Gewalten:
Der Mensch wird zum Harmonikum,
das ist eine Salbe mit Musik.

356.
Gewalt: Hier hat der Mann der Frau noch etwas voraus.

357.
Gewalt?
Ist Heiß + Kalt!

358.
Gläubiges Herz: Lebensgrund - Höchster Berg.
Bitte nicht klettern.

359.
Gleicher als der Sozialismus ist die Spaßgesellschaft und gleicher als sie nur der Tod.

360.
Gleichgültigkeit ist schlimmer als Haß.

361.
Goethes junger Werther hätte heute einen Gefühlswärter.

362.
Götter verirren sich nie. Außer im Menschen.

363.
Gottes Index:
Der Weltgeist geht durch Spiralen,
durch Abstürze und Täler
immer weiter nach oben.
Du zählst nicht.

364.
G o t t e s k r i e g e r . Kriegen heißt auch bekommen.

365.
Gottespreis ist tot, wenn er nicht lohnt das Menschenleben.

366.
Gott wäre Linker.

367.
Gott, wo sind denn all die Toten hin?
Sie kommen wieder in dem und dem.
368.
Greifst Du zur Feder, schlägt Dich das Wort.
369.
Gruppendynamische Prozesse
sind die erste Einheit des Kampfes.
370.
Hälften können Ganze nicht ertragen.
Sie treiben sich am liebsten zu Paaren.
371.
'Hätten sie eine Psychosphäre, würden sie erst leben.'
Interstellarer Beobachter. Surroundings.
372.
Handynette!
BDM war gestern.
373.
Handynetten:
Erste Kreuzform zwischen Mensch und Technik.
374.
Hans im Glück:
Gabst dein Gold fürs Pferd,
gabst dein Pferd für die Kuh,
gabst die Kuh für das Schwein,
gabst das Schwein für die Gans,
gabst die Gans für den Stein,
und als du trankst am Brunnen ...
wurdest du selbst vom Steine frei.
Nun bist du gelöst und beschwingt
auf deinem Weg zu Mutter Tod,
denn im Brunnen war reiner Wein.
375.
Hartzer reimen sich gewöhnlich auf Quartzer.
376.
Hartz IV - und der Tag gehört Dir!
377.
Hast Du die Mütter überwunden, fängt das Leben erst an.
(Doch ü, das ist so süß, nicht?)

378.
Hast Du einen Teufel, der Dich treibt,
so hast Du Arbeit alle Zeit.
379.
Haß geht besser, wenn er schwingt.
380.
Haß ist ein guter Grund, zu leben.
381.
Haß und Feindschaft sind die Geschwister von Freundschaft
und Liebe.
382.
Headphone und Handy setzen den Nächsten ferner.
Boxen schlagen ihn tot.
383.
Heil geht durch Verletzung,
je seelischer, je mehr.
384.
Henker auf modern:
Absterben lassen.
385.
"Herr Engel!
Was macht denn den Menschen nun unglücklich?"
"Arbeitslosigkeit, Krankheit und Neid!"
"Und warum tun Sie nichts dagegen?"
"Dann wär' ich arbeitslos, krank und neidisch!"
386.
"Herr Freud?"
"Die Vorliebe für Schwule und Lesben
ist ein Tiefenwunsch nach Selbstvernichtung."
387.
"Herr von und zu Bett, bitte:"
"Wer viel schläft und träumt hat mehr vom Leben."
388.
H e r z s c h l a g ist Tod wie Leben.
389.
Heute haben Altpapierhändler die meisten Bücher.
390.
Heutzutage wird vorm Display gebetet.

391.
Hier und Jetzt: Moderner Gottesdienst bis zuletzt.
392.
"Himmelfahrt ist ganz vorbei."
"Dafür hat die Börse auf, und der DAX steigt und steigt und steigt."
"Wie viele Punkte hat der Himmel?"
393.
Hinter den Affären und Geschäften steht die Liebe als letzter Grund.
Wer aber nie etwas hat, kommt gleich auf den Tod.
394.
Hinter den Lachern und Katzenphotos und Kollegenrunden steckt die Schrecklichkeit des Lebens. Ich bin hier unumwunden.
395.
"Hochmut kommt vor dem Fall."
"Um so besser für die Fallhöhe."
396.
Hochmut nimmt das Absolute menschlich auf.
397.
Hügelbeck Reloaded:
Das Wirtschafts- und Liebesleben sind zwei Systeme sozialer Hierarchie,
die mittlerweile nach dem gleichen Muster funktionieren:
Reiche werden reicher, Arme ärmer gemacht.
398.
Hurra! Hurra! Der Cyborg kommt,
wenn in die Mo das Smartphone bumst.
399.
Ich bin ein Kranker, der nicht gesund werden will.
Die Gärten der Kunst bedürfen meines Dunges.
400.
"Ich bin ja für den Weltfrieden,
nur mit dem Nachbarn führ' ich Kriege."
401.
"Ich, Du, Er, Sie, Es - das sind alles Kerker!
Ihr Wunsch, eins zu sein mit allem, war stärker."
Grabrede

402.
"Ich liebte meine Schäfin."
"Was kam dabei heraus?"
"Lemma."
403.
Ich mag lieber Gedichte. Aphorismen sind mir zu apodiktisch.
404.
"Ich war immer nur ein Fremder."
"Sei froh, so waren die Leute wenigstens freundlich."
405.
"Ich werde ihnen erzählen, wie es nach dem Tode ist."
"Dort gibt es nur Einzelmeinungen."
Interstellarer Beobachter. Funkverkehr.
406.
"Ich wollte ihm nicht zu nahe treten und in ihn dringen."
"Hast du ihm denn in die Augen gesehen?"
"Da guck' ich nicht mehr hin."
407.
Ignoranz. So reguliert die Toleranz ihren Vernichtungswunsch.
408.
"Ihre Physio... is 'ne Wucht,
aber ihre Psyche - 'ne Gruft."
Interstellarer Beobachter. Blick auf den Menschen. Meldung III.
409.
Im Alleinsein geht das Sehen und Empfinden direkt durch Dich,
in der Gemeinschaft durch eine größere Zahl,
in der Masse aber durch nichts.
410.
Im Barock, da kam der Kosmos mir einmal am nächsten.
Heute verflacht ihr in Megacities und Skyscrapern.
411.
Im Barock liegt für den Aphoristiker die Hauptpost.
412.
Im Begehren kommen wir in die Blutswehre.
413.
Im Betrieb grüßen sie nett; gucken sie weg.
414.
Im Eros geht der Sex in die Kirche.

415.
Im Geist beginnt der Menschenstrom zu leuchten.
Die Birne hat mehr Watt, ist sie gefaßt im Herzen.
416.
Im Gewäsch wird der Raum des Lebens täglich ausgewischt.
Enthältst Du Dich ganz, reichst Du an den Staub der Sterne.
417.
Im Holocaust liegt das Sanktum des Säkularen.
418.
Im Lateinischen Reich würde Europa erst weich.
419.
Im Leben zählt der Zähler, aber auf den Nenner kommt es an.
Setze ihn auf Null oder Eins an, sagen die Weisen und Genießer.
Setze ihn möglichst hoch an, die Petermiesen.
420.
Im Matriarchat wäre der Mann weniger hart.
421.
"Immer mitschwimmen, ob mit der Zeit oder dem Verkehr.
Die Vielen sind der Fluß, der Dich schützt."
"Ich kam nie weg vom Ufer, das ist mein Glück."
422.
Immer schneller geht die Welt.
(In Dir ist ein Wesen, das hält.)
423.
Impotent macht sonst potent
424.
Im Radikalen steckt negativer Adel.
Erkennt ihr ihn?
Er schläft auch gern alleine.
425.
Im Reaktisten wird der Reaktionär zum Artisten.
426.
Indem Du bist, bist Du verbunden mit allem, was war, was ist und was wird.
427.
In den Arbeitslosen kennt der Kain den Abel wieder.
428.
In den Tiefen der Erinnerung kommst Du herum und um.

429.
In der Askese blüht die Höchste Lust und im Grau die Lieblichsten Blumen.
430.
In der Einbildung liegt die größte Ausbildung, und ist sie gut, so glaubst Du sie.
431.
In der Großen Koalition ist die Volksgemeinschaft am besten aufgehoben.
432.
In der höchsten Liebe ist der tiefste Haß erreicht.
433.
In der Hysterie hyperventiliert der moralisch-zivilisatorische Komplex.
434.
"In der Kernspaltung liegt die Kraft der physischen Welt, in der Medizin ihre Heilung, in der Ökonomie ihr Geld, überwölbt vom Dom der Technik.
Was leistet die psychische? Sprich!"
"Daß gar nichts zählt noch wiegt / denn Raum und Zeit sind nichts.
Bewußtsein Seele liebt / damit Du ewig bist."
435.
In der Kirche, da pflegt es zu stinken, meinte einst Nietzsche.
Die beiden Beine im Leben aber stinken noch mehr.
436.
In der Moderne frigidisiert die Lust.
437.
In der Moral wird die Nüchternheit besoffen.
Andere Räusche aber dulden wir nicht.
438.
In der permanenten Revolte liegt ein Jungbrunnen verschüttet.
439.
In der Versenkung liegen die höchsten Berge.
440.
In der wirklich großen Tat fällt man durch Gottes Hand.
441.
In der Zeit sind alle Übergänge fließend.
Häng nicht an, sei sprießend. (Oder bau an Deinem Damm.)

442.
In Deutschland ist die Arbeit heilig,
und wer keine hat, selber schuld.
443.
In die Psyche: Letzte Fernreise, die es gibt.
444.
In diesem Land, in dieser Zeit zu leben,
mag der Dornblum' jeden Stachel nehmen, -
nur der Dir dann noch bleibt, will sie krönen.
445.
"Individuum: Unteilbares, verbarrikadiert hinter der Ich-Grenze."
Interstellarer Beobachter. Blick auf den Menschen. Meldung IV.
446.
In ein Buch zu schreiben:

In Liebe wird das Leben weich,
Richtung Geburt und Tod zugleich.

In Liebe ist des Menschen Wahrheit,
die sich im Leben sonst verbirgt.

Erst im Scheitern wird die Wahrheit größer, -
manchmal so groß, daß keine Welt sie hält.

447.
In Einsamkeit geht der beste Killer,
ihr Magazin reicht für die ganze Welt.
448.
In Frauen wird das Harmoniebedürfnis
zur Lebensgröße.
449.
In Freunden und Geliebten geht häufig der Mord spazieren.
450.
In jedem Gewalttäter liegt ein Himmelreich begraben.
451.
In jedem Kind kehrt das Leben wieder.
So kehr auch Du Dich, wenn Du kindst.
452.
In jeder Isolation geht eine Sonne unter.

453.
In mir geht zur Hälfte der Tod -
damit er mich nie einholt.
454.
Internationaler Wettbewerb ist die Globalmutation des Baal.
455.
"Internet? Ist doch auch nur ein Netz!
Weißt Du denn nicht, wozu Netze sind?"
456.
In Traum und Tod scheint die Trennung fort.
457.
Ion - Sohn des Apolls in der Kiste
kam elektrisch hervor in der Geschichte.
458.
Irgendwann das Leben Aufgabe wird,
so daß Du gar nicht merkst, daß Du entsagst - und stirbst.
459.
Isolation ist eiserne Watte,
Gummizelle für den Normalbetrieb.
460.
Isolationshaft gibt es auch im Kollegenkreis.
461.
Ist man aber ein Niemand,
sei's für jeden, daß man dien.
462
Ist nicht der ein Nazi, der nur seine Sprache spricht?
463.
Jede Frau ist Brandstifter wie Feuerwehr.
464.
Jede Gesellschaft bekommt die Kinder, die sie verdient.
Heute verdient sie nicht mehr viel.
465.
Jeder Amoklauf verbessert das Sozialklima.
466.
Jede Religion, die an sich glaubt,
hat Lauf. Und das Säkulum spielt Faul.
467.
"Jeder gute Striptease, wisse, zz,
endet mit einem Herzschlag, Missis."

468.
Jeder hat sein Kreuz zu tragen.
In dem Dichter wird es Garten.
469.
Jeder kriegt, was er verdient. Sieh nur genau hin.
470.
Jeder Mensch gibt sein Leben für Seine Wahrheit; ob er will oder nicht.
471.
Jeder Mensch hat seinen Dreh,
der ihm wieder holt sein Klischee.
472.
"Jeder Mensch war ein Sonnenstrahl,
doch sein Genius, seine Qual - daß er sich als Sonne sah."
473.
Jeder muß so sein, wie er ist.
474.
Jeder Schritt in die Welt ist ein Fall.
Wer so geht, fällt nicht so schnell.
475.
"Jeder Tag ist ein Fortschritt. "
Späterer Selbstmörder
476.
Jeder Tag ist gleich lang, aber unterschiedlich dicht.
477.
Jeder trägt seine Haut zu Markte. Die Hände sind der Handel.
478.
Jeder Untergang des Abendlandes ließ es bisher aufgehen.
479.
"Jeder Wille frißt den Menschen; zum Schluß bleibt nichts mehr übrig."
"Aber während ich wollte, war ich hungrig und groß."
"Das ist eine Illusion."
"Nachträglich."
480.
Jedes gesunde Leben ist unmittelbar Gott und Unsterblichkeit.
Das kranke schreibt es auf.
481.
Jede Zeit hat ihren Wahn. Meinen hier wirst Du überleben.

482.
Je gebildeter ein Mensch ist, desto weniger muß er auf Arbeit.
483.
Je größer die Demütigungen sind, die Du erfährst,
um so mehr erfährst Du, was Du taugst und was Dich ehrt.
484.
Je höher Du das Bild einer Frau hängst,
desto tiefer fällt es, machst Du es wirklich:
Frauen ohne Bildung aber sind schrecklich.
485.
Je höher Du kommst, desto mehr wächst die Systemdichte.
486.
Jemand, der im Leben ruht, beschämt jeden kritischen Geist.
487.
Jemanden zu vergessen ist die unschuldigste Art, ihn zu morden.
488.
Je mehr Du Dich dem Draußen enthältst,
desto mehr schweifst Du nach innen aus.
489.
Jenseits der Sprache beginnt die Gewalt.
490.
Jenseits; Du bist erfrischend weiß vor dem ganzen Sch...
491.
Je sensibler ein Mensch ist, desto mehr hängt er im Leben.
492.
Job, Kids, Shop; der BigMac frißt sich auch im Kopf.
493.
Junge Frauen sind die Kulturfolger unter den Menschen.
494.
Jungfräulichkeit erzieht zum Heiligen - und zum Krieger.
495.
Jungfrauen nehmen Frauen nicht.
496.
Kadavergehorsam heute kauft schon Babys Smartphones.
497.
"Kämpfen zwei auf Leben und Tod, ist da Würde
gegenüber dem zivilen Ressentiment."
"Aber nur in Worten."
498.
Kann denn der Mensch nicht alleine bleiben?

499.
Kann ein Nazi nett sein?
Nie im Fernsehen!
500.
Kannst Du die Geliebte niemals kriegen, so bekommst Du sie ewig.
501.
Karstadt: Bad feels so good.
Ich: Good feels so bad.
502.
Katastrophe heißt auch Lösung.
503.
Katastrophen machen kommunikativ.
504.
Kaufland -
das einzige, das wächst!
505.
"Kein Benehmen.
Kein Allgemeinwissen.
Bildungsverachtung.
Technifizierung des Lebens.
Sie reden von Ganzheitlichkeit,
doch die Seele fällt runter."
Interstellarer Beobachter. Blick auf den Menschen. Meldung V.
506.
Kein Buch wurde mehr gelesen!
Warst Du auch schon Analphabet?
507.
Kein Mondschein:
Der Himmel küßt die Erde nicht mehr.
Sie ist zur Hure ihm geworden,
die nun eitel macht sich selber rund,
sie weder *Teile* kann noch *Leite* ,
sie ist absorbiert von sich und stumm,
und was einst liebte, fällt in Dornen.
Der Himmel küßt die Erde nicht mehr.

508.
Kein Sang:
Kein poetischer Sinn.
Kein historischer Sinn.
Kein philosophischer Sinn.

———————

Kein Gott und die Welt.
Nur noch Technik, Arbeit und Geld.

509.
Kennst Du das Orakel, das die Welt zerstört?
Hcan med Dot tsi se nöhcs.

510.
Kinder sind Frauen ein zweites Mal.
Für diese Ressource werden sie zu Bestien und Opfern.

511.
Kindersoldaten?
Wir haben das Smartphone!

512.
Kinder und Neger lieben besser als der weiße Mann.

513.
Klugscheißen heißt das hier:
Wir müssen aber dumm bleiben, damit das Leben funktioniert.

514.
Könnten Sie sich vorstellen, daß Apoll, Buddha, Christus, Dionysos usw.
eine Frau und einen Arbeitsplatz hätten?

515.
Körper und Leben besiegen Bildung und Geist,
Nazis und Bolschewisten hätten ihre Freud'.
(Nur eure Ideologie war nichts, ihr Leut.)

516.
Kommt ihr mir bloß nicht alle übers Mittelmeer,
wir brauchen Dippel Ings. und Informatiker.

517.
Kommt psychische zu materieller Realität,
wird sich unser System unendlich ent -stellen.

518.
Kommunikation ist heutiges Beten.
Der Gebetene wandelt sich mit den Zeiten.
Was bleibt: Schlecht zu erreichen.
519.
Kosmische Jugend geht durch Jungfräulichkeit.
520.
K o s m o s heißt Ordnung. Sie glauben an Zufall.
Interstellarer Beobachter. Distanzen.
521.
Kränkungen sind die Wunden aus den Kriegen der Zivilisation.
Sie gehen nach innen und nie zu Ende.
522.
Krebs ist der Tragöde der Leute und der Krimi ihre Tragödie.
523.
Krebs ist, wenn die Libido die Körperzelle verläßt.
524.
Kriegsfolgen:
Der Deutsche ist pathoslos,
zu viel *Arsch* und *hinterfragen*.
525.
Krieg zieht jetzt nach innen:
Beim Nachbarn und Partner kann er gewinnen.
526.
Kulturelle Rückungen begehen die feinste Art von kollektivem Mord.
527.
Kunden und Hartz - IV - Empfänger
sind der finale Rettungsschuß, nur länger.
528.
Kunst ist krank, damit vergnügt sei unser Leben.
529.
Kunst wird den Ausdruck der Verachtung nie los.
530.
Langeweile im Paradies ist schlimmer als Krieg.
531.
"Langeweile und schlechte Laune habe ich am liebsten."

532.
L a p d a n c e . L a p t o p .
Jeder kennt's. Niemand versteht's.
533.
Laster!
Woran dachtest Du?
LKW oder Übel?
534.
Laß die Leute schreiben, reden, Meinung sagen,
so müssen sie keine Waffen tragen.
535.
"Laßt doch der Jugend ihren Lauf!"
Die Alten beschwören's am Ende -
für die nächsten im Kreis.
536.
'Leben die noch oder simulieren die schon?'
Interstellarer Beobachter. Gedanken.
537.
Leben heißt anzusprechen und wahrzunehmen.
Schöner ist das Passiv.
538.
Lebe nicht, werd' gelebt.
Das bewußte Leben ist geweht.
539.
"Leben ist ein einziger Krieg. Besser ist Frieden."
"Schlaf."
540.
Leben ist wie Regen. Kehrst Du's, wird es böse.
541.
Lebenshilfe:
"Die modernen Mörder töten durch
Isolieren, Ignorieren, Schweigen.
Dafür verdienen sie den dreifachen Tod."
"Geh aufs Blut. Dann werden sie reden."
542.
Lebensmüde ohne Grund? Melancholie ist schwarze Kunst.
543.
Lebensspannung braucht den Konflikt.
Der höchste Strom aber ist keiner,
ja, oder daß er Dich versengt.

544.
Lebensstark: Der Schöpfer hat gelacht.
Lebensschwach: Der Schöpfer hat geweint.
Meistens sitzt er nur und schafft.
545.
Leben wollen geht über Leichen.
546.
L e i d e n : Der Schmerz ist stärker als das Mögen, oder?
547.
Leipzig und anderswo:
Der Bach von einst ist heute der Verkehrsstrom.
548.
Lese der Zeit:
Der innengeleitete Mensch stirbt aus vor dem außengeleiteten.
549.
Letzte Macht ist die Existenz:
Hier gibt es nichts zu bestellen noch zu verkaufen.
550.
"Libertinage zerstört die Liebe. Was sagt mir das?"
"Lieb lieber Tina, an einer hast Du den Liebespaß. "
551.
Liebe braucht einen regressiven Strom. Sie strömt darin zum Tod.
552.
Liebe konzentriert das Leben zu Geist. Trink ihn nicht, er ist tödlich.
553.
Liebenswert ist freundliches Ungeschick und
Anstelligkeit im Kleid der Verweigerung.
554.
Lieber mit Frau und Stellung in einem Staat, der Kriege führt —
als einsam und arbeitslos im ewigen Frieden.
555.
Lieber verroht als vergeistigt.
556.
Liebe schenkt gesteigertes Dasein.
Sie ähnelt darin dem Krieg.
557.
"Liebe und Tod haben geheiratet."
"Und?"
"Tobelied."

558.
Liebe und Tod sind unsterbliche Geschwister.
Freiheit und Gewalt auch.
559.
Lieblos ist der größte Ort in Deutschland.
560.
Liegenbleiben ist weiser denn Aufstehen.
561.
Linke hassen linker.
562.
Linksextremismus ist ein Affekt der Gleichheit,
Rechtsextremismus ein Affekt der Nation.
Romantizismus ist die Liebe beider.
563.
Links hat immer recht.
564.
"Linkssein ist weltliches Gottsein
und die Matrix der Moderne."
"Seit wann?"
"Seit 1789 und 1917."
"Und 1990?"
"War nur eine List der Vernunft."
565.
Lyrik geht am besten auf Grabsteinen und bei Todesanzeigen.
566.
"Lyrik ist völlig unlyrisch geworden."
"Seitdem begann ich sie zu leben."
567.
Mach das Private öffentlich, und das Öffentliche versteh aus Dir.
568.
Macht euch bereit für die Große Völkerwanderung!
Wenn es ernst wird, werden selbst Rote und Grüne Braune.
569.
"Männeraugen gucken länger:
Damenschuhe, Damenstrümpfe,
hier geht der Tritt mit dem Schimmer."
"An Tränen bleiben sie hängen."
570.
Männer die Verlierer, Frauen die Sieger,
so enden heut die Dinosaurier.

571.
Man kann alles durch Liebe erklären und einsam sein, daneben.
572.
Mann, schau's:
Süchtig gehst Du in die Frau hinein
und schreiend kommst Du aus ihr heraus.
573.
Man wird jetzt anders hingerichtet, aber Märkte bleiben Märkte.
574.
Marx heute:
Handy, Smartphone & Co.
sind Opium fürs Vo.
575.
Maschinenwelten:
Der Körper des anderen ist ein Relikt. *Klick.*
576.
Massenpanik auf der Love Parade:
Trampel auf dem Weg zum Paradise.
577.
Materialismus ist der beste Transformationsriemen vom Kommunismus zum Kapitalismus. Er übertrifft noch den des Nationalismus.
Interstellarer Beobachter. Einsichten.
578.
Medizin und Technik sind die neuen Götter;
wie sie sich großtun, die Schwestern!
Es bleibt nie Zeit zum Streicheln und Sprechen
vor der Medikation und Bettenhetze.
579.
M e h l ist die ostdeutsche Mail.
580.
Mehr Aussprache bitte! Mehr radikales Wort!
(Sonst tragen Dich die Engel des Schweigens fort.)
581.
Mehr noch als das Geld bildet der Neoliberalismus die Seelen. Ganze Menschenhorizonte und Charaktertypen werden getilgt.

582.
Mein Freund, das ist die größte Blendung,
daß sich durch Dich was zeigt und ändert!
583.
"Mein Gefühl ist ein Ozean!
Nun kommt mit euren Booten an."
"Nein, wir fahren lieber auf Teichen."
584.
'Mein Gott, warum gibst du mir Ekel ein!
Nur damit Du durch ihn schöner scheinst?'
585.
Mein Höchstprozentiger heißt Flüssiger Geist.
586.
"'Mein Pneuma aber braucht ihr Wasser.
Die Infusion geschieht schöpferisch.'"
Gott an die Künstler
587.
Mein Vik

"Intimitätssystem: Liebe.
Wirtschaftssystem: Geld.
Wissenschaftssystem: Wahrheit.
Mach dich plausibel,
erfülle Erwartung,
kommunizier, je nachdem.
Funktionier im System,
reduzier Komplexität',
und die Maschine läuft."

"Was redest du da?
Kennst du meinen Vik, ha!"

" Was ist denn das?"

" Eben!"

588.
Melancholie ist die schwer schöne Melodie.

589.
Menschen gehen immer so in der Mitte.
Sei Über-,
sei Untermensch, so bist Du sie los.
590.
Menschengrenzen, Menschgesetze.
Um so härter, je näher Du kommst.
591.
Menschen sind auch nur Tiere, doch
sie wissen um ihr Ende hiere.
592.
Menschenskind; Du vergehst wie Staub im Wind!
593.
Menschlich? Der Mensch ist mehr als gut!
594.
"Menschliche Blumen kommen nur noch geknickt vor."
595.
Mensch, maie!
(Die Kirche wird nicht mehr voll.)
596.
"Mensch, man kriegt ja gar nicht mehr zu fressen satt."
Aus der Hartzer-Bahn
597.
Menschsein! Mimikry nach Gesetzen der Arbeits-, Technik-,
Warenwelt.
598.
Mensch! Verhungert, verarbeitet, vergangen,
doch dreimal Frühling war's im Weltverlangen.
599.
Meteoriten fallen mittlerweile unbemerkt.
600.
'Migranten sind das letzte revolutionäre Subjekt.'
Theoretiker
601.
'Migranten sind die Endlösung der Deutschenfrage.'
Linksradikaler
602.
'Migrant müßte man sein.'
Arbeitsloser

603.
Mister Shakespeare?
"Viel Lärm um nichts ist jetzt überall."
604.
Mit der biologischen Lösung schafft sich das Leben sein Vernichtungslager.
605.
Mit der Moralkeule schlägt es sich gewissenhaft.
606.
Mit Dir ist nichts los?
Na freu Dich, so bleibt Dir niemand was schuldig.
607.
Mit Galle laufen Aphorismen wie geschmiert.
608.
Mit jedem neugeborenen Kind beißt sich die Weltschlange wieder in den Schwanz.
609.
Mit Kindern spielt die Frau im Doppel.
Der Mann aber ist wie Gott allein.
610.
Mobil! Schnell!! Unkompliziert!!!
MSU. Terror by use.
611.
Modell Mann für Frau?
Kleiderschrank, altbewährt,
geräumig, guter Stellwert,
trauter Blick zum Beifahrersitz.
612.
Moderne Prozession:
Manche tragen ihr Smartphone wie eine Monstranz.
613.
Modernes Leben ist ziviler Krieg.
614.
Modernes Nachtlied:
Müde ist der Geist, leer sind die Kirchen, tot ist die Seele.
615.
M o d e r n ist ein Wort, das doppelt geht, und niemand merkt es.
Oder hast Du es gerade falsch ausgesprochen?

616.
Möge lieber keine Aperçus,
anstatt bitter werde lieber süß.
617.
Müßiggang ist des Schönen Anfang.
618.
MÜV - Menschlicher Überwachungsverein.
Gesünder wird die Psyche, angenehmer der Verkehr.
619.
Mundlos hieß der neueste Terrorist.
Wer, was verbot ihm denn zu sprechen?
620.
Musik erinnert an ein altes Glück:
Tanzen und Singen vor Gehen und Sprechen.
621.
Nach dem Tod sind alle Menschen leicht. Punkt.
622.
Nach hundert Jahren ist jetzt der di-gi-ta-le Graben.
623.
Natur?
Unart!
624.
Netzwerker - hier kommt die   S   h   r
                                         c   e   e
625.
Neuerdings ist der Selbstzwang der Zwingherr.
626.
Nicht bevor wir alle kaffeebraun,
mag sich der Friede auf die Erde trau'n.
627.
Nichts wie weg! Ihr habt recht.
Doch warum kommt ihr wieder?
628.
Nimm aus dem Ernst den Stern und trag ihn.
629.
Noch unschuldig!
Der Mensch will eigentlich nicht schuldig sein.
630.
"NSU? Toller Wagen. Auch ein Superstück von den Cream."
"Und ein Motorrad."

631.
Nullpunkt? Ursprung!
632.
Nun herrscht nur noch ein System und
braucht sich für nichts mehr zu schämen.
633.
Nur der Deutsche hat mit zwei linken Augen die Schere im Kopf.
634.
Nur der Geist hat eine Haut, aus der er kann.
635.
Nur der Himmel macht sich noch nicht bezahlt.
636.
Nur der Tod schafft noch ein Familientreffen.
637.
Nur in der Demütigung flammen die Herzen,
nur von weit unten werden die Himmel gemacht.
638.
Nur noch Technik, keine Existenz,
doch von innen lebt der Mensch.
Techniker: "Mehr Hirn-Scans!"
639.
Obama heißt die Blaupause der Weltzivilisation.
640.
Ob Amok oder Koma,
es bleibt ein Vakuum, uu,
in uns, bis sich's dreht, dreht, dreht ...
641.
Ob mit Türenschlagen, Haßbriefen oder Baseballschlägern,
ich finde, die Menschen haben sich so vieles zu sagen.
642.
Ob Staat, ob Kirchen, ob DRK:
Ü 50, arbeitslos, Paria.
643.
"Ob uns die chinesischen Triaden oder die Mohammedaner
oder die deutschen Beamten regieren, ist mir eigentlich egal."
(Originalton Freund.)
644.
Österreicher sind Deutsche, oder?

645.
Offenheit schließt das Leben aus.
646.
"Ohne mich kein inspirierender Genius,"
sagt der Tod und gibt andauernden Kuß.
647.
Ohne Schwere willst Du sein -
so bilde Dir die Liebe ein.
648.
Ohne Wahnsinn gibt es nur das halbe Leben.
649.
"O, ich finde die Augen der Menschen nicht mehr."
"Nicht umsonst hat diese Kultur keine Seele."
650.
O ist leben nicht ein lächeln?
O ist leben nicht ein lied?
O ist leben nicht liebe?
O ist liebe nicht tod?
(Unbekannter Verfasser.)
651.
"O Mensch! Was bist Du fern und fremd geworden!"
"Durch Katastrophen komm' ich wieder."
652.
Online sein vollendet die Aufrufbarkeit.
653.
"Oscar Wilde wollte in diesem Zimmer nicht sterben, weil ihm die Tapete nicht gefiel."
"Dafür den Oscar zuerst und zuletzt: Ästhetisierung des Daseins at it's best."
654.
O Seele! Heute fällst du unter Wellness.
655.
"Pädophile und Pädagogen sind sich doch recht nah."
"Das darfst du heute nicht mehr sagen, sonst kommst du in den Kna..."
"Herr Freud?"
"Fallt nicht hinter mich zurück."

656.
Parför...n.
Manchmal steigt es ins Hörn.
657.
Pemms!
Lautmalerei?
658.
"Penisse sind als Kerzen ohne Pisse."
"Was weißt du denn von der Liebe?"
"Wachs!"
659.
Pflegeheim ist viel schöner als Zuhause!
660.
Platons Höhlengleichnis geht durch Wohnräume weiter.
661.
Poesie und Terror sind die Dialektiker von geistigem und geistlichem Wort.
662.
Poète maudit?
Der verfemte Poet von heute
kommt nicht mehr unter die Leute.
663.
Poeten und Religiöse,
sie lieben häufig vergebens
Frauen, Aufseher des Lebens.
664.
Poetik aber, mein weißes Blatt,
daß ich's beschreibe, und es lacht:
Ich bin doch schon das Reine,
aber es ist selig,
wenn Du auf mich machst.
665.
Politiker, die nach Erzengel heißen, Cholerikern gleichen.
666.
Positives Denken schmälert das Gefühl.
667.
"Privatfernsehen, Handy, Internet.
Nun ist ihr Glück perfekt. Sie sind ganz weg."
Interstellarer Beobachter. Blick auf den Menschen. Meldung VI.

668.
Probe auf die Heiligkeit: Ganz ohne Aufmerksamkeit bleiben.
669.
Profil und Kante vergehen vor der Pampe im Mahlstrom der Zeit.
670.
Proleten sind schneller digital.
671.
Prominente und Künstler sind Gebannte vom Plakat bis zur Bildschirm-/Bühnenkante.
672.
Psyche ist ein Stiefkind der Zeit. Es rächt sich mit Krankheit.
673.
"Quatorze juillet! Europäischer Feiertag!"
"Häh?"
674.
Radikal macht schlank und hält jung.
675.
Raum.
Woran dachtest Du?
Zimmer oder Weltall?
676.
Rausch und Leiden sind die Über-, Unterweiden vor dem grasenden Vieh.
677.
Reaktionslosigkeit geht besser weg durch Rempeln als durch Sagen, Schreiben, Dichten und Denken.
678.
Rechtschreibung (bei Frauen):
Abendteuer.
Hakenschuh.
679.
"Rechtschreibung und Kopfrechnen gehören zur Bildung nicht."
"Entbehrlich sind auch Geschichte und Sprachen."
"Und Aperçus, chérie!"
"Wie?"
680.
"Rechtsextrem wird bald, wer noch Deutsch spricht."
"Und dann auch noch groß, also schäm dich."

681.
"Regierungen, die Menschenrechte verletzen, bilden einen Nährboden für Extremismus und Terrorismus!"
(UN-Generalsekretär.)
'Arbeit ist ein Menschenrecht.'
(Deutscher Langzeitarbeitsloser.)
682.
R e h a u g e

Rehauge 1910
Hegerau 1920
Augeher 1930
Gauehre 1940
Ehe grau 1950
Reg Haue 1960
Au, geh er 1970
Auge her 1980
Rehauge 1990

683.
Reime sind des Dichters Scheine.
Aber er hat auch einen Eimer.
684.
Reime unserer Zeit:
Doppelt so schnell
Wie normales DSL.
685.
Reinweiß ist Tiefschwarz. Der Mensch ein Grau in Farben.
686.
Religion hält den Menschen besser zusammen als Geld.
In Freiheit und Individualität rollt es ihn auseinander.
687.
"Riesige Blasen des Ungesagten entstehen."
"So werden sie den großen Knall nicht überhören."
688.
Romantik der Huren:
"Sind Frauen grausam?"
"Nein!"
689.
Romantische Entwicklungshilfe? Blaue Blumen für die Welt!

690.
Romeo und Julia sind schon lange arbeitslos.
691.
R o s e - in dir geht der Eros mit dem Sore.
Oder sag, die Liebe trifft sich mit dem Tode.
692.
Rote Beben:
Am 5. 9. 1877 starb Crazy Horse.
Hundert Jahre später kam er nach Köln.
693.
Ruhm schlägt Macht, Aufmerksamkeit Reichtum.
694.
Rußland wird heute durch die Ukraine erobert.
695.
Sammelstelle Du, Schnittstelle Kunst.
Auch nur eine Illusion, nur nicht so stumpf.
696.
"Sattheit, die satter werden will.
Ich kriege Hunger nach Geist und Leid."
Interstellarer Beobachter. Blick auf die Deutschen. Meldung VII.
697.
Sauber kann der Mensch nur nach außen.
Nach innen müßt' er Reine machen.
698.
Sauerkirschen sind auch mal süß,
wenn es Essig ist mit dem Gefühl.
699.
"Schlag bei den Frauen ersetzt die Faust."
"Das zeigt nur, daß du dich nie traust."
700.
Schließlich vernichtet die Seele Raum und Zeit.
Oder sag: Sie geht dann zu Gott ein.
701.
S c h n e i d e w e i n :
Die schönsten Menschen müssen früh sterben -
oder verderben.
702.
Schnellebig schreibt man heute schon mit drei l !!!

703.
Schönheit geht durch Bildung oder Geist macht Leute.
704.
Schönheit und Gewalt sind Lieblingsschwestern.
705.
Schon ein Gedicht stellt dem Leben Autonomie entgegen.
706.
Schreiben Sie?
Woran fehlt es denn im Leben?
707.
Schriftsteller ist Penis, Dichter Wunderhorn.
708.
Schubert heute:
"Es ist ja bei euch wie im Paradies,
nur, die Menschen sind ohne Musik. "
709.
Schwarze Fahnen sind die des Lebens für das intrauterine Glück.
710.
1687 standen die Türken vor Wien.
2013 vor München.
711.
Seelenfünkchen, Seelenlicht - was daran rührt, vergißt sich nicht.
Seelenfünkchen, Seelenlicht - durch dich die Kongruenz zum Kosmos ist.
712.
Seelenverletzung:
"Ich wollte eigentlich nur, daß man einmal auf mich reagiert, deswegen schlug ich zu."
713.
Seele. Reinstes Organ,
das niemand begreift.
714.
Seele, was ist dein Essen und Trinken?
Arbeit und Liebe.
Was ist wichtiger?
Letzteres.
Und wenn nicht?
Dehydrier' oder explodier' ich.

715.
Sehnsucht findet selbst in der Geliebten kein Ziel.
716.
Sehnsucht - Wollust auf höchstem Niveau.
717.
Sein Bewußtsein zu entwickeln ist eine reine Liebe,
sie will da und nie zu Ende sein.
718.
Sei willfährig und demütig gegenüber Menschen, denen Du mißfällst,
damit sie Dich für einen Trottel halten und Du vor ihnen Ruhe hast.
719.
Selbstmord ist Zwangstod.
720.
Selbst tote Amerikaner zählen mehr als andere.
721.
Selektionsrampen sind heute Arbeitslosen vertraut.
722.
Sentimentalität und Schuldgefühl sind der Kitt für die Bindungen.
Und Angst vor der Einsamkeit.
723.
S E X E S
oder Mann + Frau = Mensch.
Was sich im Leben verrechnet,
geht hier im Sprachspiel einmal auf.
724.
Sex ist der wunde Punkt im Menschen. Stich rein.
725.
Sex ist ein Lebensmittel.
Pärchen horten und speichern:
Räuber!
726.
Sich einmal zu hören oder zu sehen ist gut gegen die Eitelkeit.
727.
Sich mit fremden Federn schmücken, geht schnell gerupft.
728.
Sich zu sehnen ist der Pfeil für jedes Leben.

729.
"Sich zu trauen?
Die Ringe sind das schwerste."
730.
Sich zu widersprechen ist innere Dialektik.
731.
Sieben: Die Menschen sind sich nicht mehr gut.
732.
Sieben Worte:
Wer mehr liebt, kann auch mehr hassen.
733.
"Sie haben sich nichts mehr zu sagen,
und die Funktion regiert zur Gnade.
Manchmal hilft ihnen eine Phrase.
Sie sind bald Amerikaner."
Interstellarer Beobachter. Blick auf den Menschen. Meldung VIII.
734.
Sieh den Zölibat, sieh das Absolute an:
Umgekehrtes Alphabet für die aus Weltistan.
735.
Sieh, im Evangelium dreh'n sich die Engel nach der Eva um.
736.
'Sie kennen keinen Sozialismus in Sachen Sex.
Die einen ficken immer mehr, die andren sich.'
Interstellarer Beobachter. Privatleben.
737.
Sie können das Himmelreich nicht auf die Erde holen.
Sie denken, es war gestern, sie denken, es wär' morgen.
Interstellarer Beobachter. Christen. Befunde.
738.
Sie kriegen sich. Happy Ends sind selten gut.
739.
"Sie meinen, tote Fische schwimmen mit dem Strom."
"Ich weiß, doch Laptop und Smartphone haben sie schon."
740.
"Sie spielen keine Instrumente mehr, außer dem Handy."
Interstellarer Beobachter. Blick auf den Menschen. Meldung IX.

741.
Sind die Mieten billig, kommen die Mieter teuer.

742.
Sind nackte Männer stark?
743.
"Singend faßt Du die Seele an!"
"Doch wer ist da, der singen kann?"
744.
Sitzengelassene sind die Sturmabteilung des Gefühls.
745.
S m a r t heißt auch Schmerz.
746.
Soft wer? Hart wer?
Meine Mutter denkt an Liebe.
747.
Sonnenschein bestrahlt das Leid bei Krank- und Einsamsein.
Diese Therapie tut selten gut.
748.
So oft Mißbrauch und Schändung?
Wer spricht von der Not der Begierde!
749.
Spekulant? Spekulativ?
Sieh in die Philosophie,
was das einst hieß.
750.
Sperma ist ein ganz besonderer Saft,
der wird mehr verschwendet als Wasser.
751.
Spirit ist die Essenz des Menschen.
752.
Stars und Sternchen:
Euer Licht ist keine helle Freude der Götter.
753.
Sterbende haben ein Recht darauf, nicht einsam zu bleiben.
Und Lebende?
754.
Sterben müssen ist das Salz in der Lebenssuppe.

755.
Sterne sind das bebaute Offene. Weltzivilisation der Bau der Offenheit.

756.
Stil hat, einen Weg weiterzugehen, auch wenn er falsch ist.
757.
Stolz bringt einem jeden Tragik ins Leben.
758.
Suspension heißt der Drahtseilakt des Geists.
759.
T e a m f ä h i g , das ist die neue totalitäre Parole.
760.
Teamfähig nennt jeder Mobber sich.
761.
Technische Effekte verkürzen menschliche Affekte.
762.
Technonaut. Der Mensch wird absorbiert;
die Aufmerksamkeit ist's, die er verliert.
763.
T e r r o r a n s c h l a g . Ihr hängt an ihm wie an einem Kreuz.
764.
Teste Deine Lebensschwäche!
Bei Sprechgleichzeitigkeit wird der andre gehört,
und im Konfliktfall ist ein jeder gegen Dich.
765.
Thank God, I'm a woman.
Wie seid ihr auf diesen Gott gekommen?
766.
Theater macht sich am besten im Leben.
767.
Theater Politik:
"Nur noch Rollenspieler statt echter Menschen.
Leidenschaft und Blut sind nirgends zu spüren."
"Dafür werdet ihr jetzt weltweit vernünftig."
768.
Tiefenentspannte gehen am besten ans Wasser.
769.
Tiefsinn ist ein guter Motor für Hochmut.
770.
Todesstrafe heute: Einsamkeit.
771.
Toxische Subjekte sind die Tragöden unserer Zeit.
Ihr Drama ist die Berührung.

772.
Trägt die Katze Strapse, bellt der Hund mit dem Schwanz.
773.
"Tränen sind seelischer Saft, unentrinnbares Gottesach."
"Und dem, der weinet, kommen alle Engel nach."
774.
"Traurigkeit ist wie ein Sarg im Leben."
"Du, ich bin das Gras daneben!"
775.
"Trennen nach Arbeit, Liebe und Geld.
So sind sie beschäftigt in der Welt."
Interstellarer Beobachter. Blick auf den Menschen. Meldung X.
776.
Triple A:
Abgehängt.
Ausgemacht.
Ausgeschieden.
777.
Tritt mit etwas Unerhörtem aus Dir heraus.
Von der Träne bis zur Wassergoldbombe
ist es gar nicht weit: sie sind eins ...
778.
Trois mots, par coeur.
Aux armes chômeurs!
779.
Typische Frage der Wissensgesellschaft:
Woher soll ich das denn wissen!
780.
Überflüssig. Freigestellt.
Eigentlich sehr schöne Worte.
Nimm sie wahr und komm zum Horte.
781.
Überflüssig ist feineres Gas.
782.
"... und ein wenig unzivilisiert in den Spitzen
war seit jeher das schönste Kleid des Menschen."
783.
Unerwiderte Liebe ist Ewiges Leben.

784.
Ungewaschen steht die Seele da.
Sie stinkt und niemand nimmt es wahr.
785.
Unschuldig und weise
geht die Rennebahn leise.
786.
Unsrem eingeblendeten Seelenfünkchen hell -
stes Licht ist die Zerstörung von Raum, Zeit und Ich.
787.
"Unsterblichkeit kriegen sie einfach nicht hin.
Und vom Jenseits keine Ahnung."
Interstellarer Beobachter. Blick auf den Menschen. Meldung XI.
788.
Untertöne sind für Demente die höchsten Töne.
789.
Unterwirf nach Möglichkeit all Dein Auftreten
und Deine Äußerungen der Verschönerung der Welt -
und wenn Du scheiterst, weißt Du, es war Grün.
790.
Unter Zellophan verpackt ist auch Menschenfleisch.
Wehe uns allen, wenn der Kunststoff reißt.
791.
V e n u s , das ist Verkauf *und* Liebe.
792.
Verachtet, vergessen, verloren, so werden aus Suchern Lose.
793.
Verblendung war einst das höchste Licht,
doch erst im Menschen brennt es, brennt es ...
794.
"Verfolgt ist schon schlimm, aber vervolkt ..."
"Volk hat wenigstens Sinn."
795.
"Vermeidet Demütigungen!", sagte der Lehrer vor der Klasse.
'Solange, bis ich euch in die Pause lasse.'
796.
Vernunft und Politik sind eine Ehe des Schreckens,
rein ästhetisch gedacht. Immer nur Tag, nie Nacht.
797.
Verschlingend die Zeit, wirst Du von der Zeit verschlungen.

798.
Versuch sinnliche Erfahrungen zu vergöttlichen und göttliche zu versinnlichen.
799.
Vertiefungsmedium. Früher ging es durch das Buch.
800.
Verweigerung heißt der Adel der Frustrierten.
801.
Verwünscht sind die mit dem Sex.
Verwunschen die mit dem Zauber.
802.
Vierzig Jahre Ehe!
Was war Leidenschaft?
Nähe?
803.
Viktoria:
"Da brennst Du durch in lichter Lohe
und endest nur in meinem Hole."
804.
Volksentwicklung:
Dichter und Denker.
Richter und Henker.
Schlichter und Gedenker.
805.
Vollbeschäftigung geht mit drei Millionen Arbeitslosen.
806.
Vor der Vernunft war das Leben noch jung.
807.
"Vorgestern Faschist, gestern Kommunist, heute Demokrat - der deutsche Mensch verdaut tüchtig den jeweiligen Quark."
"Ich glaube, beim Gottesstaat bekäme er Durchfall."
808.
"Vorsicht bei Frauen!"
Seitdem schrieb ich.
809.
[Sic!] Wäre wäre nicht, wäre möglich wirklich, nicht?
810.
Wahrheiten werden nicht mehr geglaubt, sondern gebraucht:
Das Smartphone ist der neue Gauch.

811.
Wahrheit ist soziometrisch.
Das angesehenere Gruppenmitglied hat mehr Recht.
812.
Warum erscheinen mir denn auf einmal Radfahrer so sympathisch?
Weil wenigstens sie mir keine Pärchen zeigen!
813.
Warum heißen so viele Arbeitslose Solange?
814.
"Warum nur laufen die Leute dauernd in den Zoo?"
"Wir sind Ausgleich und Abbild der Zivilisation."
815.
Was aber irgend ist, das nennen wir gefallen.
Das ewig Bestehende enthält sich ganz dem Sein.
816.
Was einem gegen den Strich geht,
will der Kehrwert für das Ganze sein.
817.
"Was hilft gegen die moderne Zivilisation?"
"Gott, wenn Du dumm bist.
Gewalt, wenn Du beherzt bist.
Sand, wenn Du klug bist."
818.
"Was Hitler und Stalin nicht schafften,
schafft heute ein kleiner Kasten. "
"Und es senken sich die Augen."
"Und es beugen sich die Köpfe."
819.
Was ist die RAF gegen Hartz IV,
was der NSU gegen den Straßenverkehr?
820.
Was ist *ein* Kopftuch gegen zig-Arschgeweihe?
821.
Was macht der Dichter aus der Armut?
Traum!
822.
Was sein kann in Dir - -
erzeugt stets den Haß der Mittelmäßigen.

823.
Was sich nicht beschleunigen läßt, das ist die Psyche;
sie fährt in uns zurück und fällt uns auf die Füße.
824.
Was singen die Vögel über die Menschen?
So kurz hier und so viel Gefängnis!
825.
"Was tun die Menschen sich quälen! Entweder sich oder den andern."
"Das Weichgestänge steht auf Krimis, doch der Cherubin geht wandern."
826.
Was wäre Liebe wert, wenn sie sich nicht an Haß und Tod bewährt?
827.
Weiber! Hier kämpfen Bewunderer, Verächter und Neider.
828.
Weihnachten geht am liebsten in die Familienveste.
829.
Weisheit geht in die Einsamkeit.
Die Welt will betrogen sein.
830.
"Weißt du, was sein Jungbrunnen ist?"
" Daß er ohne Frau und Arbeit ist!"
831.
Welche Revolte kommt ohne den Ton aus, der ihr späteres Einverständnis verrät?
Versuch die erste.
832.
Welcher Tag mir gelungen scheint?
Jeder, an dem ich beim Schreiben geweint.
833.
Weltentwicklung:
Leid
Light
light
834.
Welt ist Dreh.
Du bist Herd.

835.
Welt ist nur noch zugekehrt. Das Offene verwahrlost.
836.
Weltverlust:
"Ich komme nicht mehr ins Internet!"
"Mein Smartphone geht wieder nicht."
"Sie liebt mich nicht!"
"Ach, geh doch weg."
837.
Weltzivilisation ist der größte Gleichmacher aller Zeiten.
(Und wenn Du dagegen bist, ist's nicht verkehrt, sondern bereichernd.)
838.
Wem oft das Leben Unglück durchfegt,
dem ist es, daß ein Gott wieder kehrt.
839.
Wenn aber ein Mensch weinet,
ihm ein Engel erscheinet.
840.
Wenn alles von Dir flieht, so bleibt doch Dein Lied.
841.
Wenn der Tod die Liebe liebt, sind wir erst unsterblich.
842.
Wenn Du aber einsam bist,
merkst Du erst den Trug der Welt,
und wenn nicht, trägst Du ihren Gurt.
843.
Wenn Du Deine Geliebte nie kriegst,
bekommst Du sie selig.
844.
Wenn Du hast die Lebenswund',
ist Dir nach ihm und ihr.
Wenn Du bist für immer jung,
bist Du allein in Dir.
845.
Wenn Du Liebe hast, mußt Du raus aus dem Innen.
Sei Pionier. Es tut weh. Das schuldest Du ihr.
846.
Wenn Du richtig schaust -
wirst Du einsam - - (und gehst aus).

847.
Wenn Du schöpfst, weißt Du nichts -
dann bist Du Sonne vor dem Gelehrtenlicht.
848.
Wenn Du sehr an Dir hängst,
wird eher, woran Du denkst.
Und da Du so hängst - Schlechtes.
849.
Wenn es zu vielen zu gut geht, hat die Utopie Fußweh.
850.
Wer aber liebt, findet in allem und keinem sein Ziel.
851.
Wer an das Geheimnis rührt,
der vor seinem Tode stirbt.
Wer es beläßt, geht recht.
852.
Wer die Flügel für die Erde opfert,
hängt sein Leben lang am Weltentropfe.
853.
Wer Flügel bekommt, ist dem Eros nah.
854.
Wer für Geld arbeitet, kriecht, krabbelt oder klettert.
Geh lieber auf zwei Beinen.
855.
'Wer gestern Kirchen abriß,
ist heute gegen ihren Wiederaufbau.'
St. Pauli
856.
Wer glaubt, daß es danach nichts mehr gibt, muß vorher mehr raffen.
857.
Wer illuminiert ist, ist für die Welt verloren.
858.
"Wer jung ist, hat biologisch recht."
"Und auch im Verkaufsgeschäft."
859.
Wer keine Kinder schafft, muß Moscheen bauen.
860.
Wer schlecht über Arbeitslose spricht,
zeigt, daß er in der Mühle tritt.

861.
Wer seine Aggressionen nicht auslebt,
kommt ins Gefängnis seiner Phantasie.
862.
Wer zuviel denkt, den hat das Leben schlecht bedacht.
863.
Wettbewerb heißt die Kriegstreiberei heute.
864.
"Wie aus dem Leben gegriffen!"
Ein schlechtes Zeugnis für die Kunst.
865.
"Wie heißt der Phallus der Frau?"
"Fang von unten an: Schuhe? Strumpfhosen?"
866.
"Wie krank und dumm mußt du sein
für den gesunden Menschenverstand",
sprach die Biene zu dem Stachelschwein.
867.
"Wie sähe Erlösung heute aus, Madame?"
"Transsexueller kosmischer Supermann."
868.
Wir können uns nicht mehr anfassen,
das ist der Grund aller Gewalten.
869.
Wir sind nur noch Dunkelflieder
vor dem großen Weltentreiber.
870.
Wir sind zu viele. Wir entwerten uns schon im Nächsten.
871.
"Wir verfluchen den Kopf vor der Zahl,
doch ist dann die Zahl, wollen wir den Kopf.
Wie können wir beides haben? Sprich!"
"Indem die Münze wirbelt, weißt Du; Vibes.
Oder Break On Through To The Other Side."
872.
Wir werden wieder Heilige –
mit den Handys über dem Kopf.

873.
Wogegen man ist, ist ein stets springender Quell.
Sie werden aber langsam alt und sterben schnell.
Interstellarer Beobachter. Befunde.
874.
"Woman's lib. hat mich erst erotisiert."
Mr. Slip
875.
"Worauf wartest Du denn nur?"
"Warten, warten, warten, das spannt die Lust
oder
Ihre Ewigkeit wird nie begonnen, doch so gewonnen
oder
der suspendierte Orgasmus
oder
Wer aufschiebt, hat mehr vom Leben."
"Ich verstehe nichts, ich sehe nur, du hängst am Kreuz."
876.
W o r l d w i d e w e s t :
"Geht doch rüber, wenn es euch nicht paßt."
"Aber ihr seid doch schon überall."
877.
Worte lügen. Gewalt ist wahr.
878.
Wortloser Mund: Lächeln bricht den Terror der Vernunft.
879.
Xanthippe will jetzt Bauknecht
und Bulthaupt-Einbauküche.
880.
Xerxes - hätt' das schönste Palindrom.
881.
Y - ewig rätselt das X.
882.
Yessica. In dir ist das Positive kosmetisch da.
883.
Zivilisation hat mit Bremsen zu tun.
Ich habe einen Vogel. Ich bin für reine Luft.
884.
Zivilisation ist germanisch, Kultur romanisch.

885.
Zivilisation schafft Frieden durch den Mord an Körper und Blut.
Sport und Krimis sind die Ventile, im Privaten Intrigen.
886.
Zufriedenheit modern:
"Jammertal! Aber wo sind die Höhen?"
"Jammertal? Wo ist das!"
887.
Zug der Zeit (INV.):
Inzucht
Nation
Vermischung der Rassen
888.
"Zu guter Letzt, Herr Traum!"
"Ich verbringe mich einsam liegend."
"Was kommt dabei heraus?"
"Herdraum."
"Häh?"
"Hestia und All."
"Häh? Wie geht das zusamm'?"
"Wandersmann."
889.
Zu leben geht zwischen Kulissen.
Fallen sie, mußt Du brechen oder küssen.
890.
"Zu lieben ist Gold, geliebt zu werden Dreck!"
"Ist bekannt. Geh weg."
891.
Zum Ewigen Frieden:
Richten Sie sich ein in den Verbrechen, die Sie nicht begehen.
Oder konsumieren Sie Krimis.
Besuchen Sie die Leichenshow.
892.
Zu viel Geist zerstört das Leben.
Steig aus dem Nebel.

893.
Zu zweit ist Bestimmung,
einsam ist Mißklang sein.
Der Große Gott über allen
hat es so fügen wollen, -
denn er ist auch allein.

894.
Zu zweit mordet Einsam.
Versucht's doch einmal anders rum.

895.
Zu zweit zu sterben //
macht das Jenseits grünen.

896.
Zwar, der Kirchturm ragt noch aus dem Dorf,
doch die Menschen dort sind nicht zu Haus.

897.
Zweisamkeit ist die Wohnung im Leben,
Einsamkeit zeigt das leere Haus.
Nimm den Himmel auf als Lehre draus.

898.
Zwischen den Beinen liegt das größte Entwicklungsland.

899.
Zwischen Geburt und Grab ergibt sich das Leben.
Zwischen Dir und Unendlichkeit ergebe sich nichts:
Du bist's.

900.
Zwischenmenschliches:
Die Bewegung des Schlüssels in dem Loch geht mehr denn je
zum Verschließen.

901.
Zwischen Null und Unendlich liegt nur Mittelmaß.

902.
Zwitter: Endlich Erlösung vom Sex.

Zzz, ich bin jetzt da.
Aaa.

Der muselmanische Wandersmann

1.
Abendland gleich Untergang
Die Minne kam von uns/ und wurde alsbald Sex;
der Eros flog herum/ gebannt ins Center jetzt.
2.
Allah hallt
Unendlich Epigramm/ sagt' Er nicht Ende an;
soll endlich sein dem All/ für Seinen Widerhall.
3.
Allgemeine Mobilmachung
Das neue Sein, piep piep/ in Technik zieht es ein.
Ihr denket an Empfang?/ Es ist totaler Krieg!
4.
Allgemeines Du
Modernität stößt zu / und einsam ist ihr Mensch;
sie nivelliert euch längst/ im allgemeinen Du.
5.
Allistan
Ihr lebt in Weltistan/ doch meine Welt ist an;
was euch ist der Verfall/ mir Frühling wird und All.
6.
All-o-mat
Ein jeder Schall verhallt/ nur der nicht aus dem All;
in Allah kommt er nah / Al*lah*, Al*lah*, Al*lah*.
7.
Alm vor Ebenen
Koran mit Surengold/ und der gesungen Psalm;
vor Ebenen die Alm/ die Wege unverzollt.
8.
Andre Energie
Sie surfen jetzt High Speed/ they follow science and screens;
doch andre Energie / ist schon, hat Er dich lieb.
9.
Anruf
Was ist das Telephon?/ Es macht zum Cyborg noch!
Nehmt Tele in Pathie / für Seinen Anruf doch.
10.
Apollin
Il sert à Apollin/ so heißt's im Rolandslied;
ihr führet heute Krieg / und dienet niemandem.

11.
Askese
Askese schlägt zurück/ du lüstern überfließt;
wer sich enthält, so wiss'/ erst recht enthalten ist.
12.
Atü, Atü, Atü
Sie engen ein, entzieh'n/ sie nehmen weg die Luft;
sie lassen platzen dich/ im Atmosphärendruck.
13.
Aufklärung
Die Aufklärung war hell/ nun wird sie grell, grell, grell;
Vernunft war Geist statt Blut/ nun funktionierst du gut.
14.
Autovore
Die Made in dem Speck/ der Fisch, der in dem Wass';
du hast es nie geschmeckt/ das Lebensfett und Naß.
15.
Beleb
Beleb den Animus/ beleb die Anima;
sieh darin Mann und Weib/ so animierend da.
16.
Beuge
Der Kufur ist Invent'/ in uns, da kam Allah;
die Technik ist sein End'/ Er beuget Seinen Nam'.
17.
Bewußtsein Seele liebt
Ich hab' den Sex besiegt/ Bewußtsein Seele liebt;
ihr habt nur faules Fleisch / in eurer Körperzeit.
18.
Bewußtsein > Seele
Orgasmus, Goldner Schuß/ sind Paroxysmen ja;
erst im Bewußtseinsschluß >| > ist Seele Kosmos da!
19.
Bleib für dich
Soziale Kriege gehn/ im Menschen seit Bestehn.
Wie kannst du sie bestehn?/ Nicht unter Menschen gehn!
20.
Bodies
Das Körper-, Technikbild / die Physio des Jetzt;
die Psyche wird getilgt / so wirst du enden, Mensch.

21.
Bogomile
Wenn naget auch der Haß/ so sieh das Tagen drin -
den Durchbruch jenes Sinns/ der sieht im Leben Nacht.
22.
Both sides now
Das Innen dunkel bleibt/ nach außen scheint ihr hell;
indes, ihr bleibt entstellt/ zeigt stets die eine Seit'.
23.
Break Core oder das Herz der Moderne
Materie, du weißt/ sie meint' einst Mutterholz;
nun ist die Mutter tot/ und Break Core ist das Holz.
24.
Bringschuld
Sie bringen dich nicht um/ du mußt es selber tun;
mag sein, sie weinen dann/ bring sie zum Weinen, Mann!
25.
Catch
Wenn's ziehet ins Gemächt/ erhebt sich süß der Dreck;
und Liebe, Lust und Sex/ verschlingen sich im Catch.
26.
Cherub Psychelis
Psychelis ist uns gut/ er trägt in sich das Schwert;
was Michaelis tut/ ist uns der Psyche Herd.
27.
Dahingegangen
Was war das noch, ein Mensch!/die Menschen Piepen sind;
nicht ist der Krieg ihr End'/ sie geh'n im Frieden hin.
28.
Das Alleine
Kommst allein, gehst allein! Was will denn um dich sein?
Sofern du einsam bleibst/ erkennst du das Allein'.
29.
Das grüne Licht
Doch immer bist du tot/ entspringest du dir nicht;
für deine Daseinsnot/ scheint erst Sein grünes Licht.
30.
Das heilige Gefühl
Das heilige Gefühl/ das gebe niemals dran;
sei nicht neutral noch kühl/ hab nicht gefroren Brand.

31.
Dawn
Du Wandrer, sei gewandt/ die Wand ist Morgenrot;
verletz und stachle an/ das ist mein Dorn dazu.
32.
Den Subtext sprich
Den Subtext sprich, mein Freund/ sie sind so eingezäunt;
ein Garten sollst du sein/ der Wildnis schließet ein.
33.
Der erste Satz
Mein Leben war Ersatz/ ich fand das Original;
dann stand ich sonder Qual/ vor Seinem Ersten Satz.
34.
Der schöne Zug
Du schliefst, vergaßt die Lieb'? / So Er erst weckt und gießt!
Du schriebest Poesie? Er ist jetzt da und fließt!
35.
Der Tod der Seele
Was tot ist, das ist tot/ das Diesseits ist total;
das innre Licht erstirbt/ im Leuchten der Displays.
36.
Der verkehrte Herr
Nun ist ein handlich' Gott/ der ruft den Menschen auf;
wer gehet da hellwach/ er ist ein Techniksklav'.
37.
Der wahre Krieg
Die Pärchen sind im Glück/ die Einsamen zerstückt;
zu zweit der Krieg der Welt/ vor dem kein Weltkrieg zählt.
38.
Determiniert
Sie sind determiniert/ der Wille ist nicht frei;
sie haben's Freiheitsriff/ das drüber willt. Habt mich!
39.
Dialektik der Deutschen
Geschichte ist kaputt/ die Sprache noch dazu;
verflüchtigt sich der Stolz/ wird wirklich der Erfolg.
40.
Diamonds And Rust
Der Diamanten Rost? Gesang, der schafft ihn fort!
O hört hier schon den Trost/ wie's Wort darüber rost.

41.
Diastema
Sofern du einsam brennst/ so wirst du tragisch, Held;
du stehst heraus, erkennst| So fern ist alle Welt.
42.
Die Essenz
Geliebt, geliebt, geliebt! Besiegt, besiegt, besiegt!
Die Liebe will Präsenz! So lieb, ist die Essenz.
43.
Die hängenden Gärten
Triffst du die Seel' in dir/ ist Kosmos schon erreicht;
so kehr sie um zur Lees'/ daß du durch Gärten steigst.
44.
Die Liebe in der Liebe
Die Liebe XXX/ ist sie ein Superweib?
Sieh hin, sie gehet ein/ dem Allgemeinbegriff!
45.
Die schöne Muslima
Die Westlerin verfleischt/ verliert die Anima;
ihr Garten tragen kann/ und läßt mir Früchte da.
46.
Die Technies
Sie sind des Westens Brut/ sie sind der Seinsentzug;
sind ohne Seel', Geschicht'/ nach oben, unten dicht.
47.
Die träge Masse
Die Masse hat 'nen Song/ sie nimmt es, wie es kommt;
ob braun, ob rot, ob On/ nur Fläche für den Gong.
48.
Die traurige Schmiede
Es gab ein Glück im Go/ sie brachten es zum Schmied;
nun haut ein jeder drauf/ es sich verbiegt, und flieht.
49.
Die Türmer
Sie töten Go und Tod/ nun sind sie Erdenwurm//
sie bau'n mit sich den Turm /// Wohin? Nur in den Tod!
50.
Die verkehrten Menschen
Zivil ist halber Mensch/ der ganze glaubet, kämpft;
der Künstler eineinhalb/ indem er beides denkt.

51.
Die Zivilisation
Die Hure Babylon/ ist sie nach Papst und Rom;
sie bringt dich auf den Thron/ der ewigen Funktion.
52.
Die Zwinger
Das Weiberregiment/ welch schöner Henkersknecht;
der Tod ist weiblich jetzt/ indem das Leben götzt.
53.
Drohn
Gewalt, die scheut der K./ ob blutig, ob verbal;
sein Gott der Technik kriegt/ den Sieg, den Sieg total.
54.
Du bist ein Traum
Die Müdigkeit die Frau/ der Schlaf dazu der Mann;
sie sind das Liebespaar/ das mich, den Traum, gebar.
55.
Du bist gebannt
Die Ficker aber sind/ der Welt geglückt und Kind;
in dir der Kosmos kann/ doch ewig bleibt die Wand.
56.
Du gingst nie los
Pantoffeln gegen Pumps/ warum bist du kein Held?
Nun starrest du sie an/ Kaninchen vor der Schlang'!
57.
DWA
Der Wadenstiefel, Arsch/ das lange braune Haar;
ein Weib ist immer da / das täglich bläst den Marsch.
58.
Edele Herzen
Smaragd, Rubin, Saphir/ wohl edle Steine sind.
Wodurch sie weichen hier?/ Durch Herzeleid, mein Kind!
59.
Eine Fee
Nach innen geht der Weg/ die Welt ist eine Fee;
verzaubernd, je nachdem/ mit Leben das Vergeh'n.
60.
Einfalltor
Die junge Frau ist Tor/ ist Ikon für den Sieg;
sie führt des Westens Krieg/ dem Muslim und dem Mohr.

61.
Eingelocht
Krieg muß auf Erden sein/ sonst fällt der Friede ein;
nun habt ihr ihn nur noch/ seid reduziert aufs Loch.
62.
Eingeständnis
Ob Allah, Jesu Christ/ Apollon oder Nix;
ich will , daß Schmelze ist/ denn sinnlich ist's hier nicht.
63.
Ein Schuß Unendlichkeit
Nie Ende sei, nie Schluß /   im nie gelösten Kuß;
ein Schuß Unendlichkeit /   ist meine wahre Zeit.
64.
Eitel Stück
Die Liebe, weißt du's nicht /\ sie ist ein eitel Stück;
so leite um zum Glück \/ von Liebe wisse nichts.
65.
Enthemmt
Die Pussy Riot ist/ des Westens Freiheit, nicht?
Woran ihr sie erkennt? Sie krawalliert den Mensch!
66.
Erbrochener Alltag
Es tippt, wischt, piept und schallt/ die Ruhe weicht, der Schlaf;
sie sind nicht mehr privat/ nur noch vulgäres All.
67.
Eros flieht
In Teams hier sind sie viel/ intim tun sie sich schwer;
wer zu sehr funktioniert / ist Scheiden oft nichts mehr.
68.
Erstinstanz
Geliebtes Mädchen mein/ du warst die Erstinstanz//
in der dies Ding zog ein/// das sollt' Sein Vorbild sein)))
69.
Erweiterte Kampfzone
Moderner Lebenskrieg/ höchst wirtschaftlich bedacht;
vor hundert Jahren der/ gewann in   Leidenschaft.
70.
Es gibt ihn nicht
Es gibt ihn nicht, den Tod/ er ist ein Popanz nur;
fürs Hamsterrad des K./ die alte Lebenstour.

71.
Es muß hinaus
Es muß hinaus, o hall / ein Go, der faßt mich doch - -
so nimm mich manisch noch/ und rausche meinen Fall.
72.
Euer Los
Nun exportieret ihr/ in Tand und Technik groß;
als Import kommen wir/ ergeben Allahs Los.
73.
Fanum
Das fanum Tempel ist/ das Heilige drin wohnt';
für euch Fanatiker/ entsetzt ins Irgendwo.
74.
Frau Welt
Den Rücken voller Kröt'/ das Antlitz jung und glatt;
Frau Welt ist ein Getös'/ es frißt euch auf so satt.
75.
Friedel ziere
Mein friedel ziere du/ einst trennte uns der Tag;
nun geht die Alba schwarz/ nun wird erhellt das Grab.
76.
Für Elise
Der Körper nahm die Seel'/ er vergewaltigt' sie;
da herrschte nur noch er   \ Elisen spielen hie.
77.
Für sich
Der Zweikampf geht zu zweit/ doch jeder kämpft allein;
sie fallen in der Schlacht/ der Einsam-, Einsamkeit.
78.
Gaza
Der Jud' in Gaza hat/ die Mordlizenz, paff, paff;
den Deutschen Übermensch/ in ihre Schuld vergafft.
79.
Gebet
Verbraucht, vernutzt, entstellt/ das Leben geht so schnell;
doch gehst du Go zunächst/ ist das Gebet Gefährt.
80.
Gedeih
Gedeihst du nicht der Erd'/ hast keinen Boden du;
so kehrt sich dir die Red' / des Schwerelosen zu.

81.
Geh auf
Geh auf, gestellter Mensch / dein Stern erst dann beginnt -
wenn du um Vierung kämpfst / für deinen Kosmossinn.
82.
Geh gedanklicher
Zu Phone und Straßenbahn/ zieht ein der technisch Herr;
du kommst als Wandersmann/ und gehst gedanklicher.
83.
Geleit
Den Leuten geht's zu gut/ so daß das Läuten fehlt;
du hab' den Blutermut/ in ihrer Blutarmut.
84.
Gewaltige Liebe
Gewalt ein Ausbruch ist/ dem, der gefangen ist;
ist Liebe öffentlich/ Gewalt gefangen ist.
85.
Glüherand
Geliebte, zünd dein Bild an/ und um mein Haupt wird Sun//
durch jenen Glüherand /// | durch den ich niemals kann.
86.
Godevil
Im Gott der Teufel ist/ du siehst's am *evil* mit;
es ist verkehrtes *liv*e/ in jedem Hund es ist.
87.
Go faßt
Bin ich umfaßt vom Go/ wird Liebe einmal groß;
im Glauben steht sie fest/ im Herzen läßt sie los.
88.
Goldener Schuß
Was war? Ich war gelähmt/ war wie gebannt und tot;
bis Eros schossss hinein   > und macht' die Not zum Ton!
89.
Go ringt
Du rangst im Frauenwest?/Es war kein Glockgeläut!
Erst wenn dein Klöppel fest / ist's Ringen eine Freud'.
90.
Grat
Verwachsen ist die Welt / und niemals wird sie grad;
doch kommt zu dir Al*lah* / so schafft Er einen Grat.

91.
Grüner Himmel
Die Isis Göttin war/ nun will sie Kalifat.
Wie weit die Isis kam?/ Islamisch ist sie da!
92.
Halt
Wer bumst, zur Neige geht/ pervers geht zum Genie.
Was beiden eigen ist? Verbraucht, verkehrt sind sie!
93.
Hamas
Im Fitness-Studio / trimmt ihr den Körper glatt;
habt Eifer einmal so/ daß jeder Hamas hat.
94.
Heb dich auf
Willst überwinden Zeit? So mach die Schwerkraft leicht!
Was denn ein Beispiel sei? Wie Amor Psyche freit'!
95.
Heiliger Krieg
Es wird Entscheidungszeit/ Sein technisch oder Heil;
des Menschen Wasserscheid'/ die sich in Blut entzweit.
96.
Hive
Die Zweier sind das Vieh/ es paart und kalbt wie stets;
die Einsamen der Hive/ in Phantasie und Geist.
97.
Hoeness
Dreitausend Jahr Hartz IV/ für eine Steuerschuld;
so nimm die Waff', mein Freund/ und mach das Schwein zu Wurst.
98.
Hyperzerebral
Es leuchtet aus der Birn'/ dein Hyperzerebral;
es macht das Licht so firm/ist Freude dir und Qual.
99.
Ihr glaubt mir nicht?
Zwar, Jesus ist nun tot/ das Kreuz, indes, steht noch;
und wär 'nur einer so/ dann wär' er dran, o doch!
100.
Ihr hängt
Zerstreut bis abgelenkt/ so geht die neue Weis'!
Ich höre, daß ihr hängt/ am Strang des Yankee-Schweins.

101.
Ihr rührt nicht an
Berühren ist Tabu/ besonders das vom Kind;
so übt der K. den Krieg/ indem er Körper trennt.
102.
Im Willen
Im Willen steht die Welt/ im blinden, blinden Grund;
die wollen sind gesund/ die gründeln, geh'n zugrund'.
103.
In der Schlacht
Sie haben Diesseits an> |doch du bist im Koran;
sie sind bewegter Tand> |du kosmisch, Muselman.
104.
Isis
Amerika will Krieg/ der Westen will die Welt;
ihr seid der höchste Krieg/ denn ihr seid nicht die Welt.
105.
Ja, du kannst
Erst wenn dich niemand mag/ ist etwas Sternentag;
es bricht den Weltvertrag/ was *dein* Gestirn vermag.
106.
Jungfrau Himmelmann
Bin Jungfrau Himmelmann/ weiß ich, wie's Leben geht?
Es wird mir nie bekannt/ nur wie man Sterne sät!
107.
Kehrwert
Erst wenn du depressiv/ trifft zu der Schmerz so tief;
es hilft dir die Manie/ sie kehrt zur Euphorie.
108.
Kindesgröße
Ein totes Kind ist groß/ Erwachsene sind klein;
im ersten scheint schön auf/ was letzt'ren dunkelt' ein.
109.
Konfusion
Frau Müller ist mein Schwarm/ die Deutsche ziehet an;
sie gießt sich aus mit Charme/ verwirrt den Muselmann.
110.
Kosma Schoos
Daß Chaos Kosmos baut/ ist jeder Kunst vertraut;
daß sie sich lieben auch/ das ist des Wandrers Haus.

111.
Kosmos
Ihr denkt das Leben links/ und Ordnung sei verkehrt?
So wird die Hur' der Erd'/ ich ruh' und red' im Rings!
112.
Krebs
Im Zweikampf Würde ist/ verkappt ist euer Streit!
Könnt Leben nicht mit Tod/ so kriecht der Krebs hinein!
113.
Krieg und Friede
Vernunft schafft ew'gen Fried'/ doch was ist Fried', was ist's;
der ew'ge Friede, wißt,/ der größte Krieg er ist.
114.
Kritik der Kunst
Sie halten hier die Kunst/ für letzte, höchste Gunst;
sie ist ein Gottesstar/ macht blind für Ihn: Gefahr!
115.
Lebenskampf
Das Leben ist der Haß/ in Liebe wohnt der Tod;
sie sagen's umgekehrt/ damit der Kampf stets tobt.
116.
Lebenskrebs
Es frißt dein Fleisch und Blut/ es ist ein böser Krebs.
Wie er denn heiß', fragst du? Es ist nur, daß du lebst!
117.
Lehrstelle
Sieh von dir selber ab / und sei ganz leer in dir;
so schaust du zu mir hin / und wirst gefüllt von mir.
118.
Lieber ernst
Du bist ja lieber ernst/ es ist dein Naturell;
so hält ihn dir ein Stern/ und Er erhält dich hell.
119.
Lob der Kunst
Die Unschuld lebt im Go/ die Schuld geht in die Welt;
doch bist du dran in Kunst/ ist Sunne, Univers.
120.
Loh / Außer sich ist höchstes Inne
Ob Liebe oder Haß/ den einen Glutpunkt gibt's;
ihr seid nur Mittelmaß/ tragt um das Blut den Gips.

121.
Luna an Endymion
Der Schlaf, der ist nicht falsch/ lunatisch bleibe du;
zieht Liebe zum Gestirn/ ist sie erst richtig gut.
122.
Macht ... das Leid
Macht sprachlos erst das Leid/ geht Go zur Leese weit;
dann wird ein Rauschen, du .../ dann ist dein Heiligblut.
123.
Mädchenschöne
Ein totes Mädchen, o/ so kommt der Kosmos durch;
und war es auch noch schön/ dann geht die Liebe hoch.
124.
Matrix gut
Die Matrix Orient/ der Arabesken Flut;
der hat die Matrix gut/ der nicht vom Zierwerk trennt.
125.
Mechanismus
Erst sind sie Minderheit/ verkleidet in Protest;
alsdann sie schreiben fest/ die Ordnung mit der Pest.
126.
Medium
Der Nächste ist sehr fern/ im Fernseh'n rückt er nah;
fast ohne Fleisch und Blut/ ist jetzt sein Leben da.
127.
Mehr denn blühen
Gefrorenheit wird Brand/ der steckt die Herzen an;
Islam ist Ozean/ es fühlt der Muselman.
128.
Mehr Freiräume
Vandalen mehr, mehr Müll/ der Freiraum wächst und wächst;
Parteien nur noch links / und Rechte ins K.Z.
129.
Mein Du in dir ist rein
Was gehst du Mensch so schwer/ nach Liebe und nach Geld;
mein Du in dir ist rein/ es gildet und es währt.
130.
Menetekel
Graffiti und Tattoo/ ich seh' die Zeichen längst;
verwahrlost steht die Stadt/ und schamlos geht der Mensch.

131.
Menschenbildung
Die Pest von dem Herrn K./ ist die Vereinzelung;
er konzentriert und rafft/ der Mensch geht lose drum.
132.
Mind Garden !
Du kanntest den der Byrds/ mit Flügeln vor dem Pflug;
der Garten des Gemüts/ beflügelt nun genug.
133.
Muselman
Die Muse küßt mich gern! Ist sie nicht die Manie?
Wer Mädchen sieht von fern/ dem kommt sie näher hie.
134.
Musica
Ja, bei der Menschen Leid/ die Erde weinet leis';
sie stellet auf die Diel'/ und sorget für das Siel.
135.
Muspelheim ist abgebrannt
Ich lebt' in Muspelheim/ wo's Muspilli erscheint;
durch Ihn, da sprang mein Herz/ denn Weltenbrand ist Er.
136.
Myein
So mach die Augen zu/ die Welt gibt niemals Ruh';
sie geht nach Uhr und Hur'/ doch Augen zu ... genau!
137.
Nach ...
O Wandrer, gehe an .../ die Weltraumhalle lang ...
Ist Raum es, ist's Musik ?   Du langst nicht an - und liebst!
138.
Neues Opium
Das Opium fürs Volk/ war früher Religion;
nun herrscht der Spaß, Spaß, spaß/ verblendete Idiot.
139.
Nicht längst schon tot?
War ich nicht längst schon tot? Ich hatt' es nie gemerkt!
Doch als es mir bewußt/ zog's Jenseits ein ins Herz.
140.
Nova Rossija
So traurig es auch klingt/ in Rußland, neben Ihm//
sind Archaismen noch/// damit der K. mißlingt.

141.
Offen Haus
Du standst im Fickedom/ das war dein Heiligtum;
nun gehst du aus und ein / beim Go, so soll es sein.
142.
Om)))
Des Orpheus Mundereich/ des Morpheus Arme weich;
sie sind mein Om))) so leicht/ wie sonst kein Om))) je reicht.
143.
O, na nie!
Verbietet Onanie/ ihr würdet sinnlich hie;
es gäb' auch einen Stau/ im Rotlicht vor der Frau.
144.
Orgeln
Orgasmus ist ein Krieg/ der immer weiter tobt;
Askese ist der Fried' / so nah, so nah am Hof.
145.
O unerlöst
Bist ein moderner Prinz/ dein Name ist Herr Traum;
du bleibest unerlöst/ so bleibt der Reim auf Raum.
146.
Outgesourct
Potent! Global! Worldwide! Was habt ihr denn erreicht?
Verlor'n den Born und Quell/ verlor'n Unendlichkeit.
147.
Proleten
Proleten leben bloß/ geschichts- und zukunftslos;
das Leben ist ein Punkt/ aus dem es juckt und bumst.
148.
Raffinerie
Chemieen, Tieren hier/ war ich affin zunächst;
es kommt die Liebe durch/ wenn Er mich raffiniert.
149.
Rasen
Daß in der Raserei/ dir werden Götter frei;
du kippst aus deinem Sarg/ die Götter sind das Gras.
150.
Raumwort
Der Kosmos weitest geht/ es werde Raum vor Zeit;
das Wort von Mohammed/ macht aus Gerader Kreis.

151.
Reifen
Sieh an den Reifen, Freund/ durch ihn dein Auge träumt;
das Eifern, Freien, hein/ soll das nicht Feiern sein!
152.
Resort
Der Religion dein Herz / so bindest du zurück;
du wirst zur Unperson/ gewinnst die Leeselust.
153.
Said
Er sah die USA/ und Rasenpflege da;
die Menschen sah er schlecht/ sie fuhren Cadillac.
154.
Schaffgott
So wirke, werke fort/ es gilt der Werkrekord.
Du hörst ein Kredo raus/ verausgab dich, sei Faust.
155.
Schwacher Trost
Ihr Evangelium/ geht durchs Martyrium;
wer's geht, wird isoliert/ bekommt 'nen Schein drumrum.
156.
Schwerter
Sie hassen den Islam/ der sich mit Allah wehrt;
doch gleicher schlägt, ihr Leut'/ das säkulare Schwert.
157.
Seel' und Lees'
Die Seel' hat keine Macht/ die Lees' hat Potential;
legt um die leere Acht/ gewinnt unendlich' Zahl.
158.
Sein Hier
Hier hüllt Er jeden Punkt ... hier hüllt Er jed' Sekund' ...
und das, was ewig, brennt ... es flirrt ein jed' Moment ...
159.
Selber schuld
Nicht tüchtig, nicht beliebt/ so heißt Verdammnis jetzt;
sie richten sich auch selbst/ rigide ist's Verdikt.
160.
So geht die Uhr der Hur'
Das Blut, der Kampf, der Tod/ sie kommen nie zur Ruh';
so geht die Uhr der Hur'/ mehr Blut, mehr Kampf, mehr Tod.

161.
Solang da Juden sind
Solang da Juden sind/ solang ist niemals Fried;
sie haben Isa hier/ damit er's transzendiert.
162.
Sonnenschnee
Versprich den Sonnenschnee/ er hat ein süßes Weh;
was nie war, niemals wird/ besorgt, daß du nicht stirbst.
163.
Sozialer
Wie läßt der Go sich ein? Er will sozialer sein!
Er ist höchst allgemein/ macht das Gemeine fein.
164.
Spirituale
Die Muse und Manie/ ist Mutterstoff, Genie;
Materie wird Geist/ das Schwere himmlisch leicht.
165.
Spring
Der Frühling ist Natur/ ist ew'ge Wiederkehr;
du spring einmal hindurch/ und kehr nie wieder her.
166.
Sterben, Bersten; Streben
Wir sterben Tag um Tag/ und bersten in den Nus;
wir streben lebenslang/ und kehren zu der Sun.
167.
Stets
Ein jedes frißt die Zeit / sie ist so satt und voll;
doch ewigt jedes Sein / und ist vor Hunger toll.
168.
Stets betrogen
Die Welt ist ein Betrug/ damit das Leben saust;
erst wenn ihr stoppt und glaubt/ wird wahr, was Er betrug.
169.
Stromorts
Was nicht, - am Leben ist/ was ist, - gestorben ist;
doch lebest du im Rund/ ist Suspension der Kunst.
170.
Suc
Im Grundton abgefuckt/ es wird gegrölt, gespuckt;
so reime drauf mit Nacht/ und gehe in den Suc.

171.
Sufisinnigkeit
Nicht sitzt, nicht bleibt, kein Halt/ so kommt, die Welt zertanzt;
und selbst der Schlaf ist falsch/ seid ihr erst konzertant.
172.
Talib
Der Gott der Technik herrscht'/ ich öffnete den Tod;
was war sein blinder Fleck/ war mir ein Punkt, der loht'.
173.
Terror
Der Terror ist verkehrt/ es geht die Erd' zum Gold;
doch besser ist, ihr irrt/ als daß ihr grabt und sterbt.
174.
Tiere und Kinder
Sie beide sind brutal/ beim Kämpfen erste Wahl;
der Firnis ist nicht da/ sie leben noch rein wahr.
175.
Todweise
Erst kommt die Müdigkeit/ dann kommet der Verzicht;
du gehest weise tot/ was gehen muß, ist nichts.
176.
Töter
Modernes Töten ist/ das Ignorieren jetzt;
so töt den Tod zurück/ indem du Töter bist.
177.
Trans-Pilot
Was Liebe sei, du fragst? In Poesie ich sag's!
Bewußtseinssteigerung/ so bleibst du immer jung.
178.
Transzendenzstelle
Der Tod hier stinkt und brennt/ hat Holzkist' nur und Sarg;
ich hab' die Transzendenz/ der Huri grünes Gras.
179.
Traumreich
Marokko-Pakistan/ als ein Land, ein Islam;
wenn träumst du Muselman/ sind sie nur wach und arm.
180.
Trieb
Wie denn du Kämpfer wirst? Entziehe dir das Weib!
Erst wenn der Trieb zerbirst/ ein grüner Allahs sei.

181.
Überspannt ist jedes Dach
Romantik, blaue Blum'/ ihr überspannt sie nennt;
sie kehrt im Orient \ins Universum um.
182.
Universumszeit
Bekommt der Tod 'nen Trieb/ ist Liebe oder Krieg;
doch wird das Leben breit/ rauscht Universumszeit.
183.
Vergänglich
_____ = Liebe

Unvergänglich

Vergängliches Gefühl/ was hast du nicht geliebt!
Doch jeder wieder Mensch/ der diesen Bruch neu übt.
184.
Verkehr
Der Mensch des Menschen Wolf/ o, wer hat das gewollt;
nun kommt ihr in den Flow/ wo ihr das Wollen rollt.
185.
Vermessen
Vermessen will ich sein / das ist ein Menschengrat;
und stürzend ich gerat / in Kosmosinnigkeit.
186.
Verschlingend verschlungen
Verschlungen von der Zeit/ seid ihr, verschlingend Zeit;
Al*lah* hat *keine* Zeit/ hat Raum, hat Raum so weit.
187.
Verschmelzung
Dein Leben ist getrennt/ ist er, ist sie, ist es;
wozu denn ich? Wozu? / Damit du brennst!, brennst!, brennst!
188.
Verstand
Am Anfang war Musik/ so geht das Wort, das liebt;
ihr nennet es Verstand/ doch beuget ihr's, so tanzt's.
189.
Viel - Fiel
Wes Allah ist, hat viel/ er steht im grünen Dienst;
der Westler aber fiel/ verlor das Paradies.

190.
Vögellîn
Bist du verliebt, will's hoch/ du warst mit ihr ein Vog';
euch teile sich darum/ das Individuum.
191.
Weiß den Tod
Das Leben ist ein Krieg/ das Sterben ist kein Sieg;
nur wenn der Tod ist weiß/ kannst kriegen du den Sieg.
192.
Wer aber einsam bleibt
Es blüht der Frühlingsstrauch/ es tockt der Vogellaut;
wer aber einsam bleibt / der blüht und tockt im Go.
193.
Wodurch die Sonne?
Wodurch die Sonne scheint / worin sie sinkt und fällt?
Es ist das Liebeshoch / so ungeheuer tief!
194.
Wollust
Im Absoluten, du, / da will der hohe Mut;
so nicht bewahre dich/ wenn Wollust himmlisch tut.
195.
Wüste
Die Einsamkeit schafft Haß/ er schleicht sich ein und nagt;
mach, daß du größ'ren hast/ damit kein Wald mehr ragt.
196.
Wut
Wo Fanatismus fehlt/ geht schließlich auch das Leb';
doch bist du nur in Wut/ kommt's Leb' zurück durchs Blut.
197.
Zweierlei Treffung
Ihr Striptease Herzschlag ist/ und ihre Liebe Tod.
Wie triffst du dieses Biest? Durch die Askese, o!
198.
Zwischenton
Allah ist körperlos / vor eurem Körperlos;
Musik ein Zwischenton/ doch ihr nur zwischen Ton.
199.
#
Wer hatt' mich je geliebt?   Ob es, ob er, ob sie?
Bin ich in Allahs Lied   # ist Liebe Weltmusik!

200.
```
°  )  )  ) )  )
```
In jedem Augenblick/ ist Ewigkeit ein Stück #
Musik, sonst gingest du nicht/ und ginge nicht das Glück.
201.
```
\   /
  +
/   \
```
Die Liebe macht den Schmerz/ das Leben macht den Tod;
so sei ein wenig fern/ die Schwermut schafft den Stern.
202.
```
   ,      ,      ,         `    `         `
```
Hält nie ein Mädchen fest/ bist du besondrer Stoff;
du bist sowohl ein Nichts/ als auch, verzeih, ein Gott.
203.
U
Andauerndes Gedicht / bin unerschöpflich Ich;
am Ende Anfang, du/ das ist der Vers dazu.
204.
UU
Mäander Brüste sind/ darin das Wasser schwingt;
du schreibst im Versgekehr/ und zeigst sie geistig her.
205.
****
Ein kleiner Funkenfang/ bist du ihm, Epigramm;
es funkt' auf immerdar/ kommt er der Liebe nah.
206.
```
      *
*        *
```
Silvestrisch ist sein Weg / da er als Schwärmer geht;
habt ihr denn Scheitelpunkt / in Knall und Farbenbunt?
207.
\> > >
O seid nur überspannt/ seid hyperzerebral;
als Pfeil zum Kosmos langt/ mit permanentem Klang.

208.
\>°<
|
Was scheinet vertikal/ ist wohl ein Sonnenstrahl;
in der Geliebten Licht/ doch erst die Sonne ist.

209.
O
Der Erde schönes Rund/ des Universums Drum;
der Frauen höchste Kunst/ aus sich das Rundherum.

1111.

Das Claudia-Libellum

A i a

Mein Herz ist aufgegangen wie der Mond,
ein Mädchen ist es, das ihn aufgehangen,
den Gott der Jugend läßt es wieder prangen
und gibt ihm in der Liebe einen Dom.

Mein Herzmondmädchen Illumination,
du brauchst die Nacht, um heilend anzufangen,
und dein Gesicht will Wirklichkeit erlangen
und steckt mich an zu neuer Dimension.

An deine Strümpfe und an deinen Po,
ich sende, sende in dein ganzes So
aus tausend Jahren Einsamkeit mich lüstern,

doch du verwandelst es zu Lune und Stern,
als wölbte sich die Lust so rund und schön
und gäbe jenem Gott mit bei ein Gogo.

Claudia

Du bist die Madonna mit dem Mond,
siehst Du, wie er in Dir wohnt.
Claudia - in Dir ist ein Aurum da,
und etwas Schmerz will in seine Aura ja.

Claudia - ein Du hat sich
in Dir sanft verkehret.
Hörst Du, wie es schwäret?

Claudia - so hießen Hauptstädte ja,
wenn Du nicht wärst die Hauptstatt der Liebe,
indem Du jeden liebst,
indem Dich jeder liebt.

Doch am liebsten bringst Du auf den Weg!

Deine Hand ist leicht und weich
so wie die Liebe vor dem Fleisch.
Du trägst eine Tasch' quer über die Brust,
aus der Du schüttest den Sand des Kinds,
doch hier kommt jemand in Kunst,
der schenkt Dir einen Dans
für die Hauptstatt der Liebe.

Und ein Kardinal singt durch Deinen Namen
den Eros, den Eros will er nie verlieren.

Claudia, was hast Du braunes Haar!
Du steckst es auf vor der Erdgefahr.

Und ließest Du es einmal au...
fff
ffffff
fffffffffff
ffffffffffffffffffffff
so wär' ich nicht mehr da.

Doch der Kardinal singt durch Deinen Namen:
Du bist die Stirn, du bist der Minn',
dich hat der Mond geküßt,
daß du durch ihn immer singst
von Untergang und Neubeginn ...

Claudia, bist Du noch da?
Du bist die Hauptstatt der Liebe.

Der Kardinal kann fliegen,
selbst Sex kann er kriegen.
O Claudia, werden wir Menschen?

Und wenn ich auch sterbe,
bist Du in der Gebärde,
bist Du in dem Gestirn
mit Deinen weichen Tänzen

Was kannst Du tanzen!
Du tanzt hinweg den Tod
und kannst die Liebe so
sphären. Und ich gehe âne swaere
vor dem Mond, durch den ich wieder werde.

Du bist die Madonna mit dem Mond.
Wir werden nie enden nie werden wir
verbrennen.

Ich bin jetzt in Liebe

Ich bin jetzt in Liebe.
Ich bin wieder da
in allen Glücken und Ängsten
aus dem Allgefahr'
in alle Gefährdung ...

wenn sie nur dies Libellum kriegt,
in dem die Liebe nie versiegt

für Claudia Wunderbar,
jeder, jeder Wunde bar.

Ist Wasser dicker als Blut?

Claudia

Hortus conclusus

Claudia, schließe nun, hör zu,
ich bin in Deinem Namen, Du.

Claudia, hinter der Mauer,
ist verborgen die Aue.

Ich baue schon so lange
Stein, Frucht, ich zähmte die Schlange.

Draußen vergeht die Welt in Sünde,
aus der Klausur ich künde.

Komm in den Hortus conclusus,
das Leben wurde zum Usus!

Ich bin ein Tor vor der Liebe,
sieh, es ist in Gold getrieben.

In dem Paradiesgärtchen
geht es ohne Zeit und Schmerzen.

Doch Du läßt immer wieder auf

Mein Spätzchen, was bist Du dumm.

Doch Du fliegst immer wieder auf

Gottier 284/7

Ihr seid eine Diktatur geworden.

Die Zivilisation läßt nichts über.

Kennt ihr die Diktatur der Liebe?

Ja kein Behälter.

Behälter sprich!
Ich behalte nicht.

Claudia, Todestrieb ist reine Liebe,
sie sind nicht unterschieden.

Das Leben vermischt.

"Ich muß isolieren."
Sieh so den Dichter diktieren.

Er versuchet wohl das Absolute.

Das Blut fließt psychisch aus den Geniussen.

Claudia, nimm kein Libellum als Behälter von ihm,
bei mir will die Liebe kriegen.

Stacheltest die Sehnsucht an mit Dorn: Morgenrot.

Nun wurd' er wach. Was war der Tag? Nacht!

Er darf es nur schreiben. Auf es leben steht der Tod.

Du bist nur eingebildet? Was sonst! Psyche sprengt.
Genius sengt.

Hungerkunst Einsamkeit schlägt Verse in Papier.

Er geht auf dem Zahnfleisch des Geists, mit dir.

Daß er dich aber sah! Tanzend gar. Nun hat er Biß!

Du bist die Frucht. Bess're als die im Paradies.

Kommt, Liebe rücken. Macht hoch. Macht tief.

Ihr seid Gott! Ihr seid Tier!

Ich Bergeshöh',
ich Echolot.

Die Genien gehen dazwischen.

Betriebssystem Gottier. Betriebssystem ohne irgendwen.

Sprachen küssen: Friedel ziere, kennst du den Diktator der Liebe?

Claudia, was bargest du ihm?

Arges? Grase! Grün ist die Weide dem Tier.

Und der Sager saget aus dem Sarge: Tag es!

Claudia, wir sind außer der Haut.
Claudia, wir sind aus dem Gesichtskreis.
Was tut's? Die darin sind, verbrauchen sich.
Die Menschen sind aus, wir sind für den Raum.

(Das Betriebssystem ist an.)

L'écho

Je jure))) Je jure

de t'aimer))) de t'aimer

pour l' éternité))) pour l'éternité

Mal zwei, hoch zwei, Unendlichkeit

Ach, Du schenkest in Gedichten her,
was Du sonst versagen müßtest;
das Leben teilet nur entzwei,
so komm ins Werk, mein Mädchen,
künstlich gehen wir erst vereint,
wahre Erregung erreicht den Sky.

Assoziationen blühen!
Psyche geht zur Analyse,
uns zu machen Lyrik High,
und wir hören jenen Überflügel,
wie er durch die Winde streicht,
mal zwei, hoch zwei, Unendlichkeit . . .

sie kommt, sie kommt ins Liebesreich,
mal zwei, hoch zwei, Unendlichkeit . . .
zu euch, zu euch, sagt mir Herr Freud,
mal zwei, hoch zwei, Unendlichkeit . . .
das will das Weib, das will das Weib;
was kann der Garten tragen!

Gedanken machen wir aus Fleisch.
Kennst Du jene Binderosen?
Claudia, tu sie nach weiter oben,
trag den Eros in den Binden
und weiter hoch zur Supernova.
Pures Avon. Nie warest Du so schon.

Epode

Die Geliebte groß hinschlägt,
wie der Frühling übers Land;
ist er da, ist's einsamer,
hast du keine an der Hand;
bevor siegen die Körper,
wallt die Liebe nach Innen -
(Ach, was bist Du darinnen)
künstlicher Gart', komm, schließ zu.
So erst geht's ins Univers,
Menschen sind so ausweglos,
Du dazwischen spendest Vers.

Hörst Du, wie er hier aufgeht,
Pindars Ode klinget an;
Lyriker sind hörig gar,
Claudia, Du bist Gesang;
entkamst irdischen Dingern,
innig Licht will entbinden -
(Claudia, Du entbindest)
lyrisches Ich als mein Kind.
Rings geht an das hohe Lied,
es tilgt Ab- und Unterschied,
und wir tanzen, tanzen dies.

Claudia, Du schließt Mänaden ein,
ich mein', ich bin jetzt nicht mehr da;
Mänaden reißen fort den Einsamen,
den Du öffnen und verwandeln magst.
Claudia, Du liebst? Ich's nicht kann!
Ich habe mich ins Gedicht vertan.

Der Liebling

Der Liebling *(amor amoris simplex)* ist ein Vogel unserer Wälder, Fluren und Gärten.
Sein Körperumfang beträgt ca. 20 cm, womit er in etwa dem Dompfaff oder Gimpel gleichkommt.
Vogelkundlern wird auch der Kardinal (Virginische Nachtigall) bekannt sein, dem ein ähnliches Aussehen eignet.
Wie dieser zeigt er eine leuchtendrote Brust, die bei ihm alle Rote durchlaufen kann, so daß er auch als Feuer- oder Liebesspatz, Morgen- oder Abendfink bezeichnet wird. Bei Erregung pflegt sie sich in ein Kosmischgrün zu steigern, wobei dem Betrachter in der Regel der Sehsinn getrübt wird . . . dennoch bedeutet uns diese Trübung für die Erkenntnisgewinnung ein sine qua non.

Den Liebling gibt es nur in männlicher Form. Sein Lieblingsweibchen findet er wohl unter den Menschenfrauen, durch die er sich fortpflanzt.
Er fliegt sie an; sobald sie ihn haben wollen, fliegt er indes wieder weg.
In diese kommt dadurch ein psychischer Sinn wie in ihn ein metamorpher. Metamorphisiert zu werden ist sein bevorzugter Sinn. Dieser wechselseitige S(ch)wing gehört zu den faszinierendsten Naturschauspielen unserer Erde, wiewohl wir uns darüber im klaren sind . . . daß das Wort 'Natur' allenfalls heuristischen Wert hat.

Er ist ein Omnivore, dabei äußerst genügsam und bedürfnislos, als könnte er sich von Luft und Liebe ernähren.
Die Bezeichnung Liebling rührt nicht zuletzt daher.
Der Liebling bewahrt in seiner Fortgabe eines der letzten Geheimnisse der Tierwelt. Befruchtet er Frauen durch seinen Anflug? Und wenn, durch welchen? Fragen sind das!
Die kleinen Lieblinge werden gemeinhin Kinder genannt, – manche davon werden zu Lieblingen der etwas anderen Art, der mit der Über-Liebe, derenthalben unser Liebling seinen wissenschaftlichen Namen zu mutilieren vermag *(amor amoris difficilis)*, wiewohl wir uns wiederum darüber im klaren sind . . . daß das Wort 'Wissenschaft' allenthalben heuristischen Wert hat.

Leider ist der Liebling selten geworden und mittelfristig vom Aussterben bedroht. Zunehmende Verdichtungs- und Vereinheitlichungsprozesse in Landschaft und Gemüt berauben ihn seiner natürlichen Lebensgrundlagen. Den Rückgang der Population führen wir in erster Linie auf letzteres zurück.
Die Profanierung des Sinns der Frau indiziert er mit unbestechlichem und astreinem Gesang.

Der Liebling ist ein Einzelgänger und Kulturflüchter . . . mit Ausnahme der Sepulkralkultur.
Nicht zuletzt ist er ein schneller und unauffälliger Flieger.
Am liebsten bewohnt er wasserreiche und ausgedehnte Laub- und Nadelwälder.
Einzig seine Liebe zu den Frauen zieht ihn in die Nähe menschlicher Siedlungen in Büsche, Gärten und Parks, darin er singt bei Tag und bei Nacht.
Insbesondere bei Namen wie Clau-di-a verfällt er in ein langanhaltendes und ausdauerndes Singen.
Die faszinierende Anziehungskraft des weiblichen Geschlechts, von der so viele Männer ein Lied singen können, wirkt genauso auf ihn *(amor amoris amabilis)*.

Dr. Schlaf - Falsch

P.S.
Er braucht ein freies Flugfeld.
Die zunehmende Verdrahtung der Umwelt engt ihn in seinen Flügen ein.
Besonders Kontakt mit Hochspannungsleitungen und Mastanflüge verändern seinen lieblichen Gesang zu schrillen Tönen, die nichtsdestoweniger eine Anpassung an die Moderne nicht verleugnen können, womit der Liebling . . .
einen Resonanzraum schafft, der bislang von keinem Vogel erreicht wurde.

So schwer

Beschwert bin ich nun,
bin ich nicht beschwert genug?

Was warst Du gefragt!
an Deinem vielleicht letzten Tag.

Du kommest nun nicht mehr.

Nevermore. Plus jamais.
Altes Schema fürs Immerweh.
I will survive. Aber wofür?

Ich bin so schwer im Gemüt,
und in der Liebe wird es ehern,
und schwerer noch zerstört's;
aus Trübsal wird ein Dreh zum Sterben.

Herd! Herd! Steck dich mal an!
(Ich spare die Flamm',
damit du besser schreiben kannst.)

Wir kommen nie aus dem Schmerz,
nur hier, mit der Liebe auf Weiß,
geht's glücklich über die Zeit.

Ich kann nicht sein, außer zu fliegen
und zu schlafen im Himmel der Liebe,
Du halfest mir ab mit Berühren.

"Das ist heute einfach nicht mein Ding."
"Dafür hältst du ja lang durch."
"Du! bist doch! noch da!"

Und Dein Lächeln brach aus.

Du trugest die Haare so weich,
offen, nicht so lang, wie ich schrieb,

zu schreiben ist stets etwas Lüg',
und warest jedem Mann und jeder Frau lieb.

"Du bist heute so anders."
"Ich komme nicht mehr."

'Aber ich bin doch da!'
'Aber ich bin doch da!'
'Aber ich bin doch da!'

Ein Liebling ist auch weiblich.

Claudia

Das Libellum aber kriegt sie ,
nur hier, mit der Liebe auf Weiß,
geht's glücklich über die Zeit.

Dorthin ins Ohr, wo's feiner ist

Nun bleibt nur noch der Kosmoszug,
wir werden uns ... *zusammentun.*

Und Claudia: *Ich liebe Dich,*
dorthin ins Ohr, wo's feiner ist.

Du bist ein goldengrüner Tag,
der Name Dein bringt ihn herauf.

Wir kommen in den Vierertakt,
zum Kosmos hin es Ordnung hat.

Claudia, Du dienst dem Loben
jener Direktion nach oben,

der zu sein so in und inne
ist gewiß nach Seinem Sinne,

doch es bleibt die Erdenwürde,
daß wir besser lebten, stürben

zusammen vor dem Kosmoszug,
Claudia, darum ich blute.

Brenne	**Brenne**
renne	**renne**
enne	**enne**
nne	**nne**
ne	**ne**
e	**e**
e	**e**
ne	**ne**
nne	**nne**
renne	**renne**
Brenne	**Brenne**

```
S   P   A   C   E   C   A   P   S
    P   A   C   E   C   A   P
        A   C   E   C   A
            C   E   C
                E
```

Im Regen Claudias

Gar traurig ist das Leben,
da kam nun jemand stets
und ist jetzt nicht mehr da.

Die Himmel tragen Wolken,
der Wind bewegt das Grün,
die Menschen sind Getrennte,

gesperrt ins Seinsgefängnis,
und darin auch nur Punkte,
entgleiten jede Se -

- kunde, unde, se ~
liger ist Wasser da,
das Claudias, nicht wahr?

Nun ist ein weit ' rer Tag,
jetzt schreib' ich dies Gedicht,
das *nun* und *jetzt* entsetzt

in Eigenzeit, die minnt
und nimmt mich hin als Schauer
im Regen Claudias.

Gegossen nun

Wasser und Blut,
die Mitte, du,
ist trunk'ne Flut.

Alle, die mich liebten, wurden verrückt,
o, komm er zurück, Geliebter,
Weltall, was schlägst du die Gemüter,
ich kann nichts dagegen tun.

Die Gefühle sind gebannt
in des Dichters, in des Arztes Hand,
ach, gießt mich aus, gegossen nun,
am Ende könnt ihr auch die Überfahrt.

Sei Regen. Sei Eisen.
So gerne die Seine.

So bleibe alleine.

Doch ich muß Windrosen drehen

Häufiger geht nun das Gesicht ins Leere aus,
und es ist von dorten her erfüllt mit Graus;
wer aber im Leben steht, sieht gerade,
was ist, und fährt und hält die Straße,
und was links, was rechts, was oben, unten,
neben ist, interessieret nicht.

Doch ich muß Windrosen drehen,
ich muß herden, was die Herde ließ,
es ist kein Feuer da, so ich es habe hier
und wehe sehr, und die Gewalt den Himmel rührt,

so daß er fällt und hält mich in der Schwebe,
seinem Reim auf Leere,
und in der Ferne bleibt mein rotes Haus,
ich kann es an ihn schreiben . . .

und er weißt und nimmt und läßt es rosa auf -

Blut und Geist. Teig der Blust,
Erlöser muß ich selber sein,
damit die Windrose dreht,
wohin, wohin, ist obsolet.

Elfsilbler

Sind das denn nicht die Alle, daß ich falle!
Du lehrtest mich die strengen Maße, Liebling,
die Elf, die geb' ich dir im Silbenmessen.

Kannst du dich messen und dagegenhalten?

So werd zum Manne in des Vogels Falle!
Das Leben läßt die Luft, daß der nie ende,
der sein Libellum jetzt zur Liebe wende.

Regen in Wasser

’ _ _ ’ _
’ _ _ ’ _
_ ’ _ _ ’

’ _ _ ’ _
’ _ _ ’ _
’ _ _ ’ _

’ _ ’ _ ’
_ ’ _ _ ’
_ ’ _ _ ’

_ ’ _ _ ’
’ _ ’ _ ’
_ ’ _ _ ’

’ _ _ ’ _
’ _ _ ’ _
_ ’ _ _ ’

Regen in Wasser.
Re: Wir rein Nasse,
die Welt ist sehr grün.

Menschen sind Tropfen
auf der Wass'fläche
ohne Bedeutung.

Wie der Kosmos geht?
Durch Aufmerksamkeit,
und daß er enthebt.

Wir werden vertieft.
Wir geh'n traurig drum.
Das Leben fällt ab.

Regen in Wasser.
Re: Wir rein Nasse,
die Welt ist sehr grün.

Die rote Stadt

In den kleinen Rosengarten fiel der Heilige Geist,
zu Pfingsten wurden die Rosen rot und groß,
und dazu diese Hitze, als würde der Geist nun heiß,
und wiese einem begabten Sinn die Apokalypse
in seiner Rosenstunde außer dem Kreis.

Unter Pergolen und Bögen er saß, um die die Rosen
rosten in der rotbetürmten Stadt.
Ihr Grenzenlos baut die Mauern nun in die Wolken,
und eine Wand stehet unsichtbar um den Hortus.
Doch das Uhrenglas mit seinem metallen Ding,
vom Turme dort, dringt viertelstündlich durch,
dünner eherner Stich, so nichtig wie nachhaltig,
über dem Treiben, in das die Menschen sich geschlossen
in die Breiten der Zeit, die sie nie mehr verlassen,

und der Dichter nimmt den Flor mit dem Verdämmern
und knipset dazwischen sich aus für seine Rosennacht.

Keine Verbindung. Keine Verbindung. Erloschenes Interesse.

Dieses Gedicht dürfte gar nicht mehr sein.
Zu allein, und keine Nachwelt wird's ehren.

Doch der Rosengarten neuert, was stirbt aus.
Er gehört dem Treuen, der niemals verdirbt.
In dem Dichter ist alles verbunden,
und aufs Verbundene gehet er zu.

Die Menschen sind gehalten,
er weiß, Erde und Himmel, weiterer Kreis,
und die darüber schweigen, wissen's ...

und zuweilen kommet sacht ein Wehen dem Haltlosen auf,
dann ist er zu Haus, und dies schreibet er auf.

Und die Rosenblätter, die er sammelt, fühlen sich an wie
Kissen und Fleisch
und werden welken zwischen den Seiten des Buchs.

Pfingsten will fließen aus weißer Sonnen Flut,
so nimm sie dort heraus, du Schreiber und Leger, so tust du gut.

Die Tänze der Maja sind außer dem Garten.
Ihre Schleier werden gewoben von dem tätigen Mensch
der Hand. Was aus den Händen er gab, leset ihr hier.
Der Paria und Alien sieht besser über die Grenzen,
doch erst sein Leiden gewährt's, daß sie tanzet mehr.
Majamajam, undurchdringlicher Kreis der Mütter,
und Bejahung darin, damit er ewig rollt und währt.

Du kommst in die Dornen, o Goldener, Rötender, blute dich aus.

Vögel und Bienen singen und summen über dem Rausch.
Er steigt in den einen, noch lange hört er, der Rauschende
unter den Menschen,
über den Nachmittag hin, dem Zwitschern zu

Langelieben

*Nun müssen wir uns lange lieben
mit der Erinnerung als Fleisch,
so bleibt es rein und vom Alter frei!*

*Wir gehen hier nur probeweise,
jede Liebe muß zerbrochen sein,
denn sie sieht das Ganze und ist eins und heil*

*dem Sein, mein Lieber, das sich uns lieh,
damit es einmal sei, zur Liebe wieder!*

**Dabei ist doch gar nichts gewesen,
ein paar Worte und ein Händedruck,
vorher Tanz, am Ende Umarmung.
Jedes für sich nur wen'ge Sekunden.**

**Wenn du's hierher tust, sind's an Jahren hundert!
Die Illusionen werden Luminat.**

**Da bist du, Claudia. Du rufst aus deinem Buch:
Der Raum ist da! Der Raum ist da!**

*Siehst du, ein Libellum hat auch Flug und Fug,
uu, du mußt nur mehr ziehen, Lieber,
aus dem Ungefähren in das Universum.*

*Ich sah dich nur vor lauter Traurigkeit,
da ward ich lauter und kam her. Du übersetzt.*

**Dein Liebling hier ist niemals einsam
und ohne Feinde und der Himmel groß genug,
weißt du, in ihm selbst der Sex geht unter.
(Unsere Seelen haben ihn nun.)**

Ist das Trockenschwimmen Ozean?

*O, es erhöht! Ach, es vertieft so sehr,
vor jenem alten Brack- und Blutewasser,
aus dem Ungefähren in das Universum.*

*Es regnet nun. Regen ist Liebe. Du zwingst
das Wetter mit deinem Gefühl, und das Becken
der Erde wird voll, da du gießest, lieb hast
Claudia, mich, ein zweites Mal, und mehr.*

Gefallen

Du fielest auch im Regen Majas, hein?
Vergiß mein nicht? Ach doch, vergiß, vergiß!
Wohl unvergänglich dies Vergessen ist,
der Lebenstrieb, gewiß, ist selten rein.

Allein in dir ging weiter auf ein Raum . . .
der fremder, größer ward mit jedem Jahr,
du warst, und warst nicht da, ein Isa gar,
und Huren, Mädchen, Frauen blieben Traum.

Wie soll ich mich entscheiden? Gegen mich!
Wer ohne Sex, gewinnt das Leben nicht.
Wohlan, es bringt dir jenes gute Blut,

mein Lieber, das über ist dem Buch.
Im Kosmos ist's, wo es zusammenklingt,
bei dir, wo Maja mich jetzt niederringt.

Epitaph

Es ist nichts, was auch war; erst wenn du stirbst, wird's klar.
Dein Reim war Claudia? Stets ist die Liebe da!

Claudiature
(oder die Öffnung des Todes)

Hier findet ihr vorm Tod Asyl,
mein Musel !, mein Liebling !, mein Bülbül !,
ihr müßt nur immer weiterlieben,
ihr werdet eins im Pan-Gefühl
und Tragik ist euch Melos hie,
wo Einssein ist von Blut und Blüt',
ihr waret nicht, ihr werdet sein,
und alles Ist ist Wegesmüh,
die Klatschmohnfelder, Juliregen ...
ihr seid nicht müd', ihr seid nicht müd', -
wird sie ein Tag, des Lobes voll,
wirst du ein Stoff, ein Musselin,
die Zeit vergeht, es gibt sie nicht,
kommet ihr zurück und singt Bülbül,
Gesang, geh lang, Gesang gelang,
ums Einssein ja von Blut und Blüt'

der Grabstein wankt im kühlen Grund

ihr seid nicht müd', ihr seid nicht müd', -
ihr müßt nur immer weiterlieben,
die Seide drin schlägt ums Gemüt,
so sei denn leicht der schwere Weg,
hier findet ihr ins Weltasyl,
das Weltall drin, die Lyra ruht
vor einem Schooß darin, nach Süd',
ins Tiergespür, ins Mineral
geht i h r und weiter für und für
durch Klatschmohnfelder, Juliregen ...
es kam der Dichter an die Tür,
damit ihr gehet aus bei mir -
sie will sich schließen nun nicht wieder
für meinen Musel !, meinen Liebling !
und mein Bülbül !, ihr grünet, grünet,
und gehet jetzt ins Off'ne über ...

Aphrodisiaka

Aphrodite. Göttin Liebe.
Claudia. Puella alba.
Poeta deus ater.
Conturbabimus, poeta.
Aphrodites claudiata.
Liebesgöttin puella alba.
Conturbabimus, Claudia.
Poeta dea alba.
Conturbabimus...

{Progressionen}

Im Sex und im Krieg bekommt der Mensch das Schwein, das er ist, drum sei impotent und Pazifist oder ein muselmanisches Nichts, auch wenn du's gar nicht bist, du wirst's, du mußt; der Heilige steht bitter vor dem Mahl (mit seinen nichtigen Aphrodisiaka), ist Hungerkunst sich selber, bei dem gedeihlich digestiven Geschäft als der Fresser und Säufer, der er doch war, an jenem Bankett.
Nun iß ein Sein, und es wird dich scheiden.
Bist du nicht nichtig und hirnverbrannt, wenn dich die Große Liebe trifft ...
Das hältst du nicht, du lösest dich und triefst ...
Lysis , wo die Lyra süß ist.

Claudia hat geliebet viel, als der Regen fiel, o Sturzbäche auf dich, der du mich veröffentlichst ..., ich wollt' dich schwemmen, wütende Sündflut, ich wollt' dich hindern, doch du willst Welt. Durch den Regen bekamst du neue Kleider, in denen du gefielst, da war wieder, daß ich liebt', da war wieder des Kosmos grünes Licht ...
o verbunden, o unden ~ unden ~ wellen dich, ich bin nicht innerlich, ich bin univers gebunden, durch Eisen- und durch Regenguß gebe Kuß, mein Genius.
Träume aus vor dem alten Schlaf. Die Schläfer ruh'n im Rund. Du bist wacher nun ... Noon ist, wo die Sonne scheint. Strahlender Mittag, Fest der Lysis, bevor es löst und blüht. Die Sonne kommt durchs Abendfenster, die Geliebte zog sie an. O Progressionen; wer sie hat, ist verloren, aber das Haus stehet glücklich auf.
Claudia, deine Kybernetikerin, ließ es dich bauen, dein Happy House, die Frau der Frauen, die helle Seite des Monds, daß du drin wohnest und gehest durch nach meinem Gesteuer.

Sonettettenos

Viktoria hat Claudia besiegt,
die Milchstraße ist meiner Strümpfe Strass,
so faß sie an, sie sind dafür gemacht,
und ach, dach ab, mein Schatz, die Galaxie.

*Sie lügt, sie lügt, ihr Fleisch verdirbt, ist schwach,
es bleibt, Du weißt, viel mehr im Geiste das.*
Dein Liebling ist nur sinnlich - oder Quatsch,
sie kann nicht führen, hat nur ferne Nacht.

*Wir kämpfen im Sonett um Dich, um Dich,
sie will nur schatten Deiner Quelle Sieg.*
Ich nehm' den Strich, ich will dich wach; erwach!

*Sie ist die Maja, Claudia ist wahr.
Nun zähl die Verse, ich bin stärker da.*
Sonett: Viktoria, nicht Claudia!

*Doch ich bin es, die liebt, die liebt, die liebt.
Ich hörte gleich sein falsches Bauprinzip.
Ich überkomme sie, o welche Kraft!*

*Ich Claudia hab' Ach als Liebesquell,
und, hörst Du's nun, was ist sie jetzt so still.
Sie kann nicht mehr vor dem, wie ich Dich will!*

Du baust jetzt selbst verkehrt, du falsches Wesen.
Ich reime weiblich hier und hole Leben,
ich führe seine Hand, die schreibt mich hier,

und er bringt richtig jetzt mich zu Papier!
Nimm dein Libellum fort und ihn laß leben.
Sprach er mich an, sprichst du zu mir vergebens!

*Und seine Hand ist fromm und gibt mir Seegen,
er will mein Über- Leben... - Weibeskunst,*
ich komm' dir in die Zeilen, golden nun.

Ich trug es schon in Schmerz und Grün, du Kuh;
das Wasser, Wasser wusch es aus dazu ...
Wozu, damit du irrst im Kosmosweben?

Ich bin die Spinne, du, und brauche Fliegen,
bau mich zur Vierung aus und nenn mich Frau,
und Netze kann ich bauen, sieh genau,
mein Lied ist stärker, o, ich kann dich kriegen!

Du kannst, du Tier, wir Menschen können lieben,
du bist in Dichtung hier und nicht im Leben,
ich bin potent für ihn im Räumeregen ...

Komm lieber zu der Erde, schwaches Stück,
ich habe eine Silbe mehr und Schmuck,
Potenz braucht er, Potenz - in einem Ruck!,
ich habe ein Organ dafür, zum Glück.

Mein Lied ist stärker, merkst du es denn nicht?
Ich ringe dich jetzt nieder im Terzett,
ich habe Sex, er will mit mir ins Bett,

und Lieben, Über-Leben im Gedicht,
was soll das denn!, nimmt nur den Willen weg ...

Was harrest du, was willst du Erdenzweck?
Solange er mich liebt, ist Trans in mir,
du kannst mich nicht, denn ich bin über dir,
so sieh und hör, er schafft mir ein Quartett.

Und eines mehr, das schenkt er gerne her,
ich überwinde dich zu guter Letzt,
weil er statt Sex mehr sein Libellum schätzt,
dort steht sein Herz, dort schlägt es mir zur Ehr!

Viktoria, ich habe zweimal Gold;
wer sich erinnert, baut den Himmel auf,
und C l a u d i a steht drauf, weil e r es wollt'!

Was ist es denn, was deinem Wollen zollt?
Du kannst nicht singen vor dem Happy House,
nicht sagen, hä, - er gab mich ihr zum Sold.